Hans Weigel
Man derf schon

Hans Weigel
Man derf schon

Kaleidoskop
jüdischer und
anderer Witze

Styria

Illustrationen:
Dieter Zehentmayr

CIP-Kurztitelaufnahme der Deutschen Bibliothek

Man derf schon : Kaleidoskop jüd. u. a. Witze /
Hans Weigel. – Graz; Wien; Köln : Verlag Styria, 1987
ISBN 3-222-11785-3

NE: Weigel, Hans [Hrsg.]

© 1987 Verlag Styria Graz Wien Köln
Alle Rechte vorbehalten
Printed in Austria
Umschlaggestaltung: Paar/Zehentmayr
Satz und Druck: Druck- und Verlagshaus Styria, Graz
Bindung: Wiener Verlag, Himberg
ISBN 3-222-11785-3

Inhalt

5

1

Weil Kürze doch . . .

Zwei Herren sitzen in einer Seilbahn, die, wie schon der Name sagt, an einem Seil bergauf gezogen wird. Der eine Herr sitzt stumm zuhörend daneben, während der andere mit einer gegenübersitzenden Dame allmählich ins Gespräch kommt.

Die Dame: „Ich hab das Gefühl, daß Sie technisch sehr versiert sind, und da . . ."

Der andere Herr: „Aber gar nicht, gnädige Frau . . ."

Die Dame: „Aber mit so Seilbahnen wie der, in der wir jetzt sitzen, kennen Sie sich doch aus!"

Der andere Herr: „Ein ganz klein wenig, gnädige Frau, weil ich mit einem Ingenieur befreundet bin."

Die Dame: „No, dann erklären Sie mir etwas, bitte. Unser Zug hängt doch an einem Seil. Was geschieht, wenn das Seil reißt?"

Der andere Herr: „Das Seil kann nicht reißen, gnädige Frau. Es hat die vielfache Tragfähigkeit, es könnte zehn solche Züge hinaufziehen, und es wird außerdem jeden Morgen genau überprüft."

Die Dame: „No ja, am Morgen! Und was geschieht am Nachmittag?"

Der andere Herr: „Kann es auch nicht reißen. Aber selbst für den völlig auszuschließenden Fall, daß etwas mit dem Seil nicht in Ordnung sein sollte, *sollte*, sage ich . . . Der Zug hängt auch an einem zweiten Seil, einem Reserveseil; und wenn das Seil versagen sollte,

7

sollte, sage ich, ist dieses Reserveseil da und zieht den Zug in die Höhe beziehungsweise hält ihn bei der Abwärtsbewegung."

Die Dame: „No ja, schön, aber wenn etwas mit dem Seil nicht in Ordnung ist, könnte ja auch etwas mit dem Reserveseil nicht in Ordnung sein."

Der andere Herr: „Könnte nicht, sage ich. Aber mein Freund, der Ingenieur, hat mir erzählt, daß es auch noch eine automatische Bremse gibt. Die ist genau programmiert; und wenn irgend etwas mit der Geschwindigkeit nicht normal ist, tritt diese Bremse in Funktion und bringt den Zug zum Stehen."

Die Dame: „Ja, aber wenn ein Seil nicht in Ordnung ist und ein Reserveseil nicht in Ordnung ist, könnte doch auch eine Bremse nicht in Ordnung sein. Was geschieht dann?"

Der andere Herr: „Liebe gnädige Frau, es ist völlig sinnlos, daß wir dieses Gespräch führen; aber soviel weiß ich immerhin, daß vor der Einführung der automatischen Bremsen da eine Handbremse war, und die ist noch immer da, sehen Sie: dort vorn, wo der Zugbegleiter steht. Der beobachtet alles genau, und sobald etwas irregulär ist, setzt er die Handbremse in Funktion, und der Zug bleibt stehen."

Die Dame: „Das ist lächerlich! Wenn die Handbremse so perfekt wäre, hätte man ja die automatische Bremse nicht eingeführt! Also sagen Sie mir, bitte, was geschieht, wenn das Seil reißt und das Reserveseil reißt und die automatische Bremse versagt und die Handbremse versagt?"

Der andere Herr (schon etwas zornig): „Es ist wirklich lächerlich, gnädige Frau, verzeihen Sie, bitte, aber — wie gesagt — mein Freund, der Ingenieur — der Zug gleitet auf Schienen, und in diese Schienen sind in

Abständen von je einem Meter rechts und links Bolzen eingebaut, die schiebt der Zug, wenn er sich bewegt, weg, und sobald er vorbei ist, kommen sie wieder rechts und links in ihre Position und halten den Zug, wenn etwas nicht in Ordnung ist, spätestens nach einem Meter auf."

Die Dame (nicht aus der Ruhe zu bringen): „Na ja, aber diese Bolzen sind an unwegsamen Stellen, die kann man bestimmt nicht regelmäßig kontrollieren, die können zum Beispiel verrosten ... Jetzt sagen Sie mir, bitte, was passiert, wenn das Seil reißt und das Reserveseil reißt und die automatischen Bremsen versagen und die Handbremse versagt oder auch der Zugbegleiter, und wenn die Bolzen defekt sind?"

Der andere Herr (sehr zornig): „Wenn das Seil reißt und das Reserveseil reißt und die automatischen Bremsen versagen und die Handbremse versagt oder auch der Zugbegleiter und wenn die Bolzen defekt sind, dann, gnädige Frau, dann können Sie mich!"

Der eine Herr (sehr ruhig): „Mich schon seit dem Reserveseil!"

*

„Weil Kürze doch des Witzes Seele ist", so sagt Polonius bei Shakespeare. Und wenn Shakespeare beziehungsweise die Kompanie Schlegel, Tieck und Konsorten den Terminus „Witz" nicht in dem Sinn verwenden wie wir heute, weil er bei ihnen etwa mit „Geist" identisch ist, gilt auch für das, was dieser Schrift Inhalt sein soll, und auch „Witz" genannt wird, das Gebot der Kürze.

Es wird im Folgenden möglichst viele Witze geben, und sie werden möglichst authentisch und möglichst kurzgefaßt sein. Ja, aber ...

... aber es gibt Ausnahmen. Und der Reserveseil-Witz ist eine solche Ausnahme. Er ist für mich ein Ur-Witz. Ein Witz, der zum Bestandteil des Bewußtseins wird. Den man zitieren und dabei Einverständnis voraussetzen kann. Ein Ehe- oder Liebespaar, das immer wieder auseinandergeht und wieder zusammenkommt — man sagt bei der jüngsten „endgültigen" Trennung: Reserveseil. Und alles ist klar.

Diesen Witz kann man nicht kürzen, man muß ihn in seiner ganzen Breite produzieren und konsumieren, man kann ihn erzählend ad libitum ausschmücken, man kann ihn vorspielen, wobei es wichtig ist, daß die letzte Replik des „anderen Herrn" unterspielt, kaum betont wird, um nicht verfrüht als Pointe empfunden zu werden, denn sie ist ja nur deren Auftakt.

Wird dieser Witz erzählt, ist ein relativ zahlreiches Auditorium angemessen, allgemeine Konzentration; man schalte das Telephon aus, gebe Auftrag, daß niemand eintrete, bitte um größtmögliche Aufmerksamkeit. Der Erfolg wird diese Modalitäten rechtfertigen. Ein zweiter Ur-Witz großen Umfangs, der Anschlüsse-Witz, der im gegebenen Augenblick folgen wird, ist auch so ein episch breiter Witz. Im Augenblick sind mir nur diese beiden gegenwärtig — vielleicht ergeben sich noch weitere. Aber zunächst muß über dieses Buch berichtet werden, seinen Zweck und seine Genesis.

Ich hatte mein letztes Buch fertig. Meine sehr liebe Lektorin kam zu mir, um das Manuskript von „Man kann nicht ruhig darüber reden" auf Glanz zu polieren. Sie bat mich, ich möge in dem Manus zu den vorhandenen noch einige „jüdische Witze" hinzutun, denn diese lockerten das an sich ernste Thema so schön auf, und:

„Der Doktor wünscht sich als dein nächstes Buch ein Buch über die jüdischen Witze. Er ist, wenn du das tust, zu allem bereit!" Damit war eine Vorauszahlung gemeint. Derlei war für mich nie ausschlaggebend, aber das Thema faszinierte mich.

Und wie's schon geht mit den faszinierenden Themen, dieses arbeitete in mir weiter. Ich habe einst ein kleines Buch über das Blödeln verfaßt, und als Pendant würde sich ein Witz-Buch nicht schlecht machen. Aber der „jüdische" Sektor müßte ein solcher bleiben. Der kleine Moritz paßte in ihn, aber auch Mikosch und Graf Bobby und vieles andere drängte sich danach, da zu sein.

*

Mikosch zum Beispiel. Dieser magyarische Landedelmann ist ein großer Mißversteher und Wörtlichnehmer. Er ließ sich in Wien gern Geschichten erzählen und Rätsel aufgeben. Einmal fragte ihn der Portier des Hotels Bristol: „Wer ist das, Herr Baron? Es ist nicht mein Bruder und nicht meine Schwester und ist doch das Kind meiner Eltern?"

„Weiß ich, bitte, nicht."

„Das bin ich."

„Großartig, muß ich zuhause gleich erzählen!"

Mikosch kommt nachhause und fragt alsbald die Runde seiner Freunde: „Wer ist das? Ist nicht mein Bruder und nicht meine Schwester und ist doch Kind meiner Eltern. — Wißt ihr nicht? Das ist der Portier vom Hotel Bristol in Wien."

*

Primitiv? Vielleicht. Aber für mich mehr tief als primi. Mikosch ist eine große Figur; doch die meisten seiner

Abenteuer entziehen sich der Wiedergabe. Ich habe mir selbst auferlegt, äußerstenfalls pikante, aber nie eindeutig derbe Witze wiederzugeben, und da fällt mir beim besten Willen kein weiterer Mikosch-Witz ein.

Dies also gleich zu Anfang die erste Einschränkung meines Unternehmens, welche mir die gnä' Leserinnen und die sehr geehrten Leser, bitte, gütigst verzeihen mögen. Es ist nicht Prüderie, nicht antiquierte Moral, aber, wenn auch von durchaus freizügiger Lebensart, liberal durch und durch, es sträubt sich in mir etwas gegen das veröffentlichte Pornoskript wie auch gegen das explizite Koproskript.

Ich weiß, man kann dies alles in letzter Zeit ungestraft sagen, man kann, und das ist gut so, aber man muß nicht.

Zurück zu Mikosch beziehungsweise fort von ihm. Ein Witz seiner Klasse mag genügen. Das sind keine jüdischen Witze, im Gegenteil, wie auch der Reserveseil-Witz kein solcher ist.

2

Graf Bobby und Frau von Pollack

Auch die Bobby-Witze sind keine solchen. Im Gegenteil.

Der Graf Bobby ist relativ neueren Datums als Witzfigur, anfangs nannte man ihn „Altgraf", aber ich erinnere mich dunkel daran, daß irgend jemand insofern protestierte, als es nur einen Aristokraten gab, der den Titel „Altgraf" führte, daß also eine Art Porträtähnlichkeit gegeben sei. Der dazugehörige Partner ist fast immer sein Freund Rudi, gelegentlich auch „Mucki" genannt.

Ein überaus bedeutsamer Bobby-Ausspruch ereignete sich anläßlich einer nationalsozialistischen Demonstration. Bobby betrachtete sie nachdenklich und sagte bedauernd: „Jetzt haben uns diese Kerle unseren ganzen Antisemitismus verpatzt!" Eigentlich gar nicht lustig und einigermaßen wahr.

*

Graf Bobby hatte einen Sohn, auf den war er sehr stolz. „Stellt's euch vor, neulich läutet's an der Wohnungstür, mein Bub geht aufmachen und kommt zurück. ‚Papa – Papa – Soldat – Soldat!', und dann war's tatsächlich der Briefträger!"

„Großartig, Bobby! Wie alt ist denn dein Bub?"

„Im Dezember wird er achtundzwanzig."

Graf Bobby wird von einer übel beleumundeten Person angesprochen. „Und stell dir vor, sie wollt' meine Telephonnummer wissen, und ich hab sie ihr zum Schluß wirklich gegeben."

„Aber Bobby" – Rudi ist entrüstet –, „warum hast du ihr denn keine falsche Nummer gesagt?"

„Mir ist in der G'schwindigkeit keine andere eingefallen."

*

Graf Bobby sieht einen Briefträger, der unter der Last vieler großer Pakete keucht. Er läßt sich erklären, daß diese Pakete den jeweiligen Adressaten übergeben werden müssen, denkt lange und intensiv nach und fragt dann: „Aber – warum verschicken Sie die Sachen denn nicht mit der Post?"

Albern? Ich finde nicht. Offenlegung von Absurditäten.

*

Es gibt primitive Bobby-Witze, die tun mir nicht gut. Naiv, ja naiv müssen sie sein, lebensnah.

Eine Dame macht ihm Avancen und bittet ihn, spätabends zu ihr in die Wohnung zu kommen. Sie bewirtet ihn, schaltet eine süße Melodie im Radio ein, zeigt ihm ihr Badezimmer und lädt ihn ein, gemeinsam mit ihr zu baden. Beide entledigen sich der Kleider und setzen sich in die mit lauem Wasser gefüllte Wanne. Dann trocknen sie sich ab, und mit herzlichem Dank für den netten Abend verabschiedet sich Graf Bobby. Im Kaffeehaus erzählt er die Geschichte seinem Freund Rudi und fügt nachdenklich hinzu: „Ich weiß nicht, ich weiß nicht, ich hab das Gefühl, da wär' was zu machen gewesen."

Und da dieser mein Text kein Katalog werden soll, sondern eine Melange aus Mosaik und Kaleidoskop, schweife ich hiermit ab, von der einen zu der völlig anderen und doch verwandten versäumten Möglichkeit der Liebe.

Das Café Paulanerhof war ein eher obskures Lokal im vierten Wiener Gemeindebezirk, obskur im Sinn von lichtscheu.

Ein junger Mann, dem nachgesagt wurde, daß seine erotischen Interessen eher Männern als Frauen gelten, heiratete überraschenderweise. Die beste Freundin ließ sich von der Braut versprechen, daß sie am nächsten Tag erfahren werde, wie „es" gewesen ist.

„Wir sind in die Wohnung gekommen."

„Und?"

„Er hat mir den Mantel ausgezogen."

„Und?"

„Er hat mir die Schuhe ausgezogen."

„Und?"

„Er hat mir das Kleid ausgezogen."

„Und?"

„Er hat mir die Wäsche ausgezogen."

„Und?"

„Er hat mir die Strümpfe ausgezogen."

„Und?"

„Er hat mir den Büstenhalter ausgezogen."

„Und?"

„Dann hat er sich das alles angezogen und ist ins Café Paulanerhof gegangen."

*

Zurück von dieser Eskapade, aber nicht mehr zum Grafen Bobby, sondern zur Frau von Pollack, und damit zum erstenmal zum „jüdischen" Witz. Der Graf

(Altgraf) war angeblich ein Graf Salm. Die Frau von Pollack hat gelebt, hat über ihre Verewigung, so sagt man, gelächelt. Sie gehörte zu den zahlreichen wohlhabenden „jüdischen" Familien der Monarchie, die assimiliert, gelegentlich Kleinadelige waren, wie die von Hofmannsthal, von Mautner, von Gutmann. Ihr offizieller Name war Pollack von Parnegg, was recht bodenständig klang. Vermutlich ist keiner der ihr zugeschriebenen Aussprüche authentisch. Sie ist der Prototyp des Parvenühaften, Neureichen, häufig ungeübt im Gebrauch von Fremdwörtern.

Sie führte durch ihr Palais und sagte unter anderem: „Das ist mein Schlafzimmer — und hier beginnt die Flucht meines Mannes."

*

Sie war lebensmüde und fragte einen Arzt gesprächsweise, wo das menschliche Herz sitze. „Circa fünf Zentimeter unter der linken Brustwarze", hörte sie. Nachts wurde der Arzt telephonisch in das Palais gebeten: Die Frau von Pollack hat sich ins Knie geschossen.

*

Aber die eigentlichen, die genuinen Pollack-Witze sind ja doch die, in denen sie als Neureiche dargestellt ist.

Einmal kam, so erzählt man, als sie einen Teppich verkaufen wollte, das Stubenmädchen zu ihr und flüsterte: „Gnä' Frau, der Herr Rappaport ist draußen, er reflektiert auf den Teppich." — „Wischen Sie's weg und machen Sie kein Aufsehen!"

Sie wollte, daß man ihren Namen auf der Unterseite ihrer Porzellanteller und -tassen verewige. Und als sie hörte: „Das geht nicht!", sagte sie beleidigt: „Und bei Rosenthal ist es gegangen?"

Aber der allerschönste Pollack-Witz ist für mich dieser:

Sie gab im neuen Palais die erste große Soiree und bat eine Freundin, sie möge genau auf alles achten und ihr nachher sagen, was verbesserungsbedürftig sei.

„Alles in Ordnung", meinte die Freundin am nächsten Tag, „mit einer Ausnahme. Du brauchst eine Zuckerzange. Stell dir vor, daß jemand auf die Toilette geht und dann mit dem Finger ein Stück Zucker aus der Zuckerdose nimmt."

Das sah die Frau von Pollack ein. Und bei der nächsten Soiree befand sich auf der Toilette eine Zuckerzange.

*

Und nun heißt's von ihr Abschied nehmen und bedauern, daß sie leider im Bewußtsein unserer Zeit dahinzuschwinden begonnen hat. Sie hörte das Wort „a priori" und fragte, was das bedeute, und erfuhr: „Von vornherein." „Aha", sagte sie, „jetzt weiß ich auch, was ‚a propos' heißt."

3

Was ist ein Witz?

Und da ich nun nach diesem Einstieg drangehe, möglichst locker, unpedantisch, sogar bewußt die orthographische Einheitlichkeit vernachlässigend, „jüdische" und andere Witze zu protokollieren, sollte ich wohl zunächst darstellen, was das ist: ein Witz. Aber ich weiß es nicht. Das Wort hat nicht nur die angedeutete Shakespeare-Bedeutung von Geist, Verstand. Wenn ich etwas Unglaubliches sage, sagt man mir: „Mach keine Witze!" Das ist doch etwas anderes. Und wenn man hier bei uns meint, etwas habe keinen Sinn, sagt man: Das hat kein' Witz.
Und ein witziger Mensch muß nicht unbedingt einer sein, der sich auf die Witze versteht.
Ich weiß äußerstenfalls, was der Witz nicht ist. Er ist keine Anekdote, er ist kein Wortspiel, er ist keine witzige Bemerkung, er ist kein Aphorismus. Für alle diese Gattungen ist allerdings die Witzigkeit Voraussetzung, auch für das Blödeln.
„Weißt du, daß deine Frau mit ganz Budapest schläft?" fragte man den großen Franz Molnár. — „Ja, aber für Geld nur mit mir."
Wie weise! Aber eben ein Ausspruch und kein Witz. Eine Darstellerin des elbischen Wesens Rautendelein in Gerhart Hauptmanns Märchen „Die versunkene Glocke" war nicht elbisch, sondern rundlich. Man nannte sie „Rotundelein". Sehr witzig, aber ein Wort-

spiel. Die Aussprüche dieser Art und die Wortspiele haben ein Quantum von Aggressivität als Voraussetzung.

Die Anekdote ist eine reale oder erfundene Begebenheit rund um eine bekannte Persönlichkeit.

Noch einmal Franz Molnár, eine Schlüsselgeschichte, deren Pointe zum geflügelten Wort sich eignet. Er war als Entlastungszeuge für einen Freund vorgeladen. Doch die Verhandlung fand um acht Uhr statt. Molnár wollte seinem Freund gerne helfen, aber hielt es für absolut unmöglich, zu so früher Stunde aufzustehen. „Ihr dürft es versuchen, ihr dürft mit mir anstellen, was ihr wollt, aber ich bin skeptisch."

Die Freunde kommen, sie reiben Molnár mit kaltem Wasser ab. Sie kleiden ihn unter Gewaltanwendung an, sie tragen ihn über die Treppe auf die Straße, setzen ihn in einen Wagen.

An dem kalten Wintermorgen erwacht Molnár allmählich, sieht sich um, will sich orientieren und merkt staunend, daß die Straße von Menschen wimmelt, und fragt verwundert: „Lauter Zeugen?"

Eine Anekdote, wie es viele gibt. Sie ranken sich gern um Zeitgenossen, die eine Neigung für Publicity haben. Als Hans Hass, der Barde der Haifische, auf dem Höhepunkt seiner Popularität war, nannte ihn jemand den „Tiefsee-Karajan".

Noch ein Wort über das Wortspiel. Es kann zur Bummelwitzigkeit entarten. Eine Dame namens Rotraut als „Rotkraut" zu bezeichnen ist sinnlos. Und eine Sendereihe namens „Jazzhaus" als „Scheißhaus", auch das ist mehr als billig. Da lob ich mir Friedrich Torberg, der den schwülstigen Linkskatholiken Friedrich Heer als Abraham a Sancta Unklara bezeichnete.

Friedrich Torberg war ein großer, ein profunder Kenner der Gattung „Witz". Über einen habe ich mit ihm lange gestritten, und ich nehme mir die Freiheit, hier nur meine Version wiederzugeben.

In den dreißiger Jahren kommt ein Jude zur Behörde und möchte seinen Namen ändern lassen. „Wie heißen Sie?" – „Adolf Stinker." – „Und wie möchten Sie heißen?" – „Max Stinker."

*

Da bin ich nun in ein Zentrum gelangt, in die tragisch rührende Abwehr im jüdischen Witz. Die Gattung heißt Flüsterwitz, sie blüht unter jedem diktatorischen Regime. Die sowjetischen möchte ich hier kaum berücksichtigen, und natürlich nicht, weil mir dieses Regime weniger suspekt wäre, sondern weil ich zuwenig von der Gattung weiß. Und ich beschränke mich in diesen Aufzeichnungen nur auf den Born meines Gedächtnisses. Dieses ist einseitig.

In der Frühzeit der Bewegung saß ein kleiner Jud' in einem Eisenbahnabteil. Eine Gruppe von jungen „Nationalen" stieg zu, sah ihn, agnoszierte ihn und begann dann immer wieder „Heil Hitler!" zu skandieren. Der kleine Jud' hörte aufmerksam zu, dann erhob er sich, um auszusteigen, und sagte zum Abschied: „Jetzt wer'n Sie sich wundern, meine Herren: ich bin gar nicht der Hitler."

*

Von selbstironischer Größe auch: Drei Juden beraten, was man Hitler antun sollte, wenn seine Niederlage perfekt sei. „Man soll ihn in einem Käfig durch ganz Europa transportieren." – Ein anderer sagte: „Jeder sollte die Möglichkeit haben, ihn zu mißhandeln." –

„Nein", sagte der dritte: „Ich werde sitzen in meinem Stammcafé, im Café Fetzer in der Praterstraße. An einem andern Tisch wird sitzen der Hitler. Ich werde vor mir haben viele Zeitungen, den ‚Abend', die ‚Stunde', die ‚Presse', das ‚Journal'. Der Hitler wird kommen an meinen Tisch und mich höflich fragen: ‚Bitte, is das ‚Journal' frei?' Und da werd ich sagen: ‚Für Ihnen nicht, Herr Hitler.'"

*

Ein Jude steht anno dreiunddreißig an der Berliner Gedächtniskirche und verteilt Zettel. Ein Freund kommt vorbei. „Was machst du da?" − „Ich verteil Flugzettel gegen Hitler." − „Bist du wahnsinnig? Zeig her!" Der Jude zeigt sie. „Aber da steht ja nichts drauf!" − „No und? Die Juden wissen schon."

*

Und da muß ich abschweifen und einen witzigen Ausspruch anschließen, weil ich ihn für so geistreich halte wie eine ganze Kulturgeschichte der Juden. Als man dem uralten Professor Freud unter allerhöchster diplomatischer Assistenz die Ausreise aus Österreich ermöglicht hatte, mußte er pro forma auch die Gestapo aufsuchen und dort eine Art Verhör über sich ergehen lassen, das natürlich ganz harmlos verlief. Am Schluß meinten die Beamten, es wäre ihnen lieb, wenn Freud bestätigte, daß alles korrekt verlaufen sei. Sie legten ihm eine Art Gästebuch vor, und Freud schrieb hinein: „Ich kann die Gestapo jedermann bestens empfehlen." Bald war er in England. Man führte ihn in eine prächtige Villa mit einem herrlichen Garten. Freud sah sich um und sagte: „Heil Hitler!"

Ein zwangloser Übergang apropos Freud. Ein soge-
nannter Zweiteiler:

*

Die Kinder des alten Kohn sind überzeugte Wagne-
rianer und möchten gern ihren Papa für Wagner gewinnen.
Endlich entschließt er sich zum Besuch einer Wagner-
Oper. Als er nachhause kommt, sind die Kinder sehr
aufgeregt und fragen: „Wie hat's dir gefallen, Papa?" –
„Gefallen, das kann man nicht so sagen. Manches hat
mir gefallen, manches hat mir nicht gefallen." – „No,
und was hat dir zum Beispiel nicht gefallen?" – „Nicht
gefallen hat mir zum Beispiel die Musik."
Schnitt. Ein bis zwei Generationen später. Die Kinder
sind überzeugte Freudianer und möchten gern ihren
Papa für Freud gewinnen. Endlich entschließt er sich,
einige Bücher von Freud zu lesen. Als es soweit ist,
fragen die Kinder aufgeregt: „Wie haben dir die
Bücher gefallen, Papa?"
„Gefallen, das kann man nicht so sagen. Manches hat
mir gefallen, manches hat mir nicht gefallen." – „Na,
und was hat dir zum Beispiel nicht gefallen?" – „Nicht
gefallen hat mir zum Beispiel die Psychoanalyse."

*

Ich bin vorhin, als ich den Witz von der Anekdote,
vom Wortspiel, vom witzigen Ausspruch abgrenzte,
den Aphorismus schuldig geblieben. Er gehört hierher.
„Psychoanalyse ist jene Geisteskrankheit, für deren
Therapie sie sich hält" (Karl Kraus).

4

Der Rabbi

Wohin von hier aus?

Wir haben den Richard Wagner noch nicht ganz aus dem Kopf. Und die Psychiatrie auch noch nicht.

Ein Geistesverwandter des alten Kohn: „Ich weiß nicht, was der Tristan an der Isolde findet. Die Person hat doch so gar nichts Münteres an sich."

*

Ein Psychiater neuer Observanz wird von einem Freund gebeten, sich eines Kindes anzunehmen, das Bettnässer ist. Er beginnt die Behandlung. Nach vielen Monaten fragt der Freund den Vater des Kindes nach dem Erfolg der Behandlung.

„Großartig", sagt der Vater. — „Also ist er nicht mehr Bettnässer?" — „Doch. Aber völlig ohne Schuldgefühle."

*

So, und jetzt mitten hinein in das Kaleidoskop.

Ich habe lange nachgedacht. Mein Hauptproblem ist es, daß man nicht einen Witz an den andern reihen darf. Dadurch unterscheiden sich ja die Witze von den Perlen.

Vor allem sollte man Gattungen zusammenfassen. Ein alter Witz besagt, daß es zwei Hauptgattungen gibt, die A-Witze und die Z-Witze. Die A-Witze beginnen mit „A Jud", die Z-Witze mit „Zwa Juden".

Aber dieses System gibt für mich nichts her. Soll ich mit der Eisenbahn anfangen, oder mit dem kleinen Moritz oder . . . Nein, ich fange mit dem Rabbi an.

*

Aber zuvor soll eine große Anekdote anklingen, ein ewiger, ungeheuer jüdischer, also ungeheuer selbstkritischer Witz.
Einer besucht alle Jahre wieder einen lieben Freund. Bei seinem ersten Besuch nach langer Trennung findet er ihn an einem Stehpult, in ein sehr großes, sehr dickes Buch schreibend. Der Schreibende freut sich

über den Besuch, aber er will um keinen Preis verraten, was für eine Bewandtnis es mit dem Buch hat. Der andere wünscht ihm gute Verrichtung und geht wieder.

(Fortsetzung folgt)

*

So, und das war fast schon der Rabbi. Ein gewöhnlicher Rabbiner oder Rebbe ist im allgemeinen eher klug. Doch dann gibt es noch den Wunderrabbi, und der ist ganz besonders gescheit und kann, so heißt es, Wunder tun. Zu ihm strömen die Ratsucher von nah

und fern. Sein Assistent — Faktotum — ist der Bocher, was eigentlich „junger Mann" bedeutet.

(Richtig, nicht vergessen, dieses ganze Vokabular muß hier ja gelegentlich kodifiziert werden.)

Manchmal ist der Held des Rabbi-Witzes der berühmte Wunderrabbi von Zadagora. Diesmal aber ist es ein ganz gewöhnlicher, wenn auch sehr weiser.

Zu ihm kam eine Frau: „Rabbi, mein Mann betrügt mich." Der Rabbi zum Bocher: „Bring mir das zweite Buch Mosis."

Der Bocher bringt es, der Rabbi blättert es aufmerksam durch, von der ersten bis zur letzten Seite. Dann: „Bring mir das Buch Ruth."

Der Bocher bringt es, der Rabbi blättert es aufmerksam durch, von der ersten bis zur letzten Seite. Dann: „Bring mir das vierte Buch Mosis!"

Der Bocher bringt es, der Rabbi fängt zu blättern an. Nach einigem Blättern findet er in dem Buch seine Brille. Er setzt sie auf. Er sieht die Frau an und sagt: „Recht hat er."

*

Die Ehefrau des Rebbe (Rabbi) heißt Rebbezn. Ich weiß nicht, ob diese Orthographie stimmt, aber ich will mich nicht nachschlagend oder nachfragend informieren. Dieses ganze Buch muß aus meinem Kopf (Gedächtnis) geholt werden.

Ich kenne auch den Plural vom Rabbi — Rebbe — Rabbiner nicht, ebensowenig den Plural von Bocher.

Einige Plurale von Bocher sitzen zusammen; jeder rühmt seinen Rabbi. Und vom Zweiten an beginnt jede Wortmeldung mit: „Das is noch gar nix, aber mein Rebbe . . ."

Der Vierte oder Fünfte sagt: „Das is noch gar nix, aber

an jedem Schabbes in der Nacht kommen sechs Engel geflogen zu meinem Rabbi und heben ihn auf und tragen ihn ins Zimmer von der Rebbezn und legen ihn zu ihr. Und in der Früh kommen zwei Engel und heben ihn auf und tragen ihn zurück in sein Zimmer." – „Warum müssen ihn tragen sechs hin und nur zwei zurück?" – „Glaubst du, er legt sich gern zu ihr?"

Das ist in mancher Hinsicht ein sehr aufschlußreicher Witz. Unter anderem darum, weil im Jargon so oft die Antwort in einer Frage besteht: „Mit wem gehst du?" – „No, mit wem wer' ich gehn?" – „Wo warst du gestern?" – „No, wo wer' ich gewesen sein?"

Der letzte Bocher sagt: „Für meinen Rabbi kann Gott tun Wunder. Einmal is er gegangen durch einen Wald,

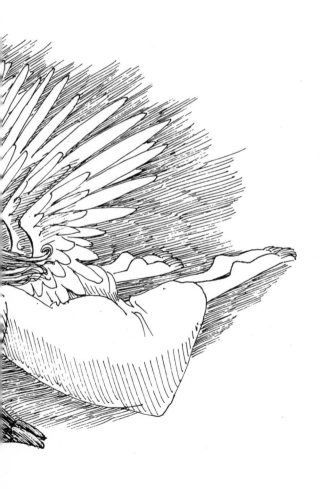

und auf einmal sieht er a ganz kleines Kind, das geschrien hat vor Hunger. Da hat er gebetet zu Gott, daß er ihm soll helfen. Und Gott hat geholfen und hat ihm wachsen lassen Brüste, und an die Brüste hat das kleine Kind gesogen und is nicht Hungers gestorben." — „No, hätt ihm Gott nicht geben können Geld, daß er was einkauft für das Kind?" — „No, wenn Gott kann tun ein Wunder, wird er doch nicht hergeben bares Geld!"

*

Ein armer Mann kommt zum Rabbi und sagt in klagendem Ton: „Rabbi, ich halt's nicht aus, die kleine Wohnung, die Frau, die vielen Kinder, die Schwiegereltern — was soll ich machen?"
Der Rabbi: „Nimm dir a Ziege!"
Der Mann: „Rabbi!!! Das wird doch noch ärger!"
Der Rabbi: „Nimm dir a Ziege!"
Nach acht Tagen:
Der Mann: „Rabbi, die Ziege stinkt, überall hin macht sie Bemmerln, und der Lärm, jetzt is es überhaupt nimmer zum Aushalten, was soll ich tun?"
Der Rabbi: „Nimm dir Hühner!"
Der Mann: „Rabbi!!! Es is ja jetzt schon nicht zum Aushalten und jetzt noch Hühner in der kleinen Wohnung, das geht ja nicht, was soll ich tun!"
Der Rabbi: „Nimm dir Hühner!"
Nach acht Tagen:
Der Mann, völlig gebrochen: „Rabbi!!! Jetzt stinken auch die Hühner und lassen uns nicht schlafen, und die kleinen Kinder spielen Ball mit die Eier, es is das Allerärgste, was soll ich tun?"
Der Rabbi: „Nimm dir Hasen!"
Der Mann: „Rabbi!!!"

Der Rabbi (jeden Einwand abschneidend): „Nimm dir Hasen!"

Nach acht Tagen kommt der Mann schluchzend, keines Wortes mächtig.

Der Rabbi: „Die Hasen kannst du aus'n Haus geben."

Nach acht Tagen:

Der Rabbi: „No?"

Der Mann: „Jetzt stinkt's wenigstens nur noch nach Hühner und Ziege und Menschen . . ."

Der Rabbi: „Die Hühner kannst du jetzt auch scho aus'n Haus geben."

Nach acht Tagen:

Der Mann: „Jetzt wirst du sagen, die Ziege soll ich auch aus'n Haus geben. Eigentlich schad, wir habn sie so lieb gewonnen."

Der Rabbi: „Die Ziege gib aus'n Haus!"

Nach acht Tagen:

Der Mann: „Rabbi, bei uns zu Haus is jetzt so viel Platz, wir wern uns nehmen a Bettgeher!"

*

Apropos Einstein:

Als Einstein seine Relativitätstheorie veröffentlichte, wurde diese überraschend populär. Der Zufall wollte, daß damals auch ein Professor Stainach ins Gerede kam, weil er eine Verjüngungsmethode erfunden hatte.

Einmal ließ sich ein Wißbegieriger die Theorie Einsteins von einem Fachmann erklären, hörte aufmerksam zu und sagte dann kopfschüttelnd: „Und davon soll man jung wern?"

Ein anderer Wißbegieriger bat gleichfalls um Erklärung der Relativitätstheorie. Ein Fachmann sagte: „Wissen Sie, was relativ ist?" — „Nein." — „Also, passen Sie auf: Wenn Sie mit dem nackten Hintern auf einer heißen Herdplatte sitzen, kommen ihnen fünf Minuten vor wie eine Stunde. Und wenn Sie mit einem feschen Mädel beisammen sind, kommt ihnen eine Stunde vor wie fünf Minuten." – „Fabelhaft! Und das hat der Einstein erfunden?"

*

Ein Nachtrag zum Rabbi-Komplex:
„Rabbi, was soll ich tun? Schlacht ich den Hahn, kränkt sich die Henne, schlacht ich die Henne, kränkt sich der Hahn."
„No, dann schlacht den Hahn."
„Aber, da kränkt sich doch die Henne."
„No, dann schlacht die Henne."
„Aber, da kränkt sich doch der Hahn."
„Laß'n sich kränken."
Sie finden, dies sei ein schwacher Witz? Haben Sie eine Ahnung?! Er ist einer der tiefsten; und seine Pointe ist wert, in das allgemeine Sprachgut aufgenommen zu werden.

5

Vom Gottesdienst

Das Wort „Schammes" ist lebendig geblieben. Ursprünglich war es aber nur die Berufsbezeichnung für den Tempeldiener. Als einst, so erzählt man, Herr Rosenblatt das Fräulein Jeiteles in einer katholischen Kirche heiratete, ist dem Ministranten die Schammesröte ins Gesicht gestiegen.

*

Ein angesehener wohlhabender Jude in Wien war kaiserlicher Rat geworden und leitete etliche lukrative Unternehmungen. Allerdings konnte er nicht lesen und schreiben. „Was wäre aus Ihnen geworden", sagte ein Festredner an seinem sechzigsten Geburtstag, „wenn Sie auch lesen und schreiben könnten?!" – „Das kann ich Ihnen sagen: Schammes in Brody. Als junger Mann hab ich mich beworben um diese Stelle, aber ich hab sie nicht bekommen, weil ich nicht lesen und schreiben kann. No, was ist mir übriggeblieben? Bin ich geworden Industrieller in Wien."

*

An den hohen Feiertagen mußten die Gläubigen Eintritt zahlen, wenn sie am Gottesdienst teilnehmen wollten.
Ein armer Jude kommt in den Tempel und sagt zum Schammes: „Einen Moment nur muß ich hinein, dem

Herrn Rappaport was Wichtiges sagen." — „Was Wichtiges sagen, das kennen wir — Sie Ganef, Sie wollen beten."

Auch diesen halte ich für einen großen Witz, und es könnte sein, daß „Sie Ganef, Sie wollen beten" auch heute noch ein geflügeltes Wort ist wie manche andere Pointe von Witzen, zum Beispiel das Reserveseil. Wenn ich mir eine Wirkung dieses meines Kaleidoskops erhoffe, wäre es vor allem: derartige geflügelte Worte zu erhalten und zu vermehren.

*

Noch ein Nachtrag zum Rabbi-Komplex:

Ein Ehepaar erscheint beim Rabbi und beklagt sich bitterlich über allzu reichlichen Kindersegen. Ob der Rabbi kein Mittel wüßte. Der Rabbi: „Ein volles Glas Zitronensaft ohne Zucker."

Einige Zeit später kommen die beiden und sind verzweifelt. Sie haben etwas falsch gemacht. Soll man trinken das Glas vorher oder nachher?

Der Rabbi: „Was heißt vorher? Was heißt nachher? Anstatt!"

*

Und noch einmal ein Rabbiner, aber kein heiligmäßiger weiser Mann, sondern ein kommuner Geistlicher vom Dienst.

Zu ihm kommt ein Angehöriger, um ihm Unterlagen für eine Trauerrede zu bringen. Zunächst fragt er nach dem Preis.

„Also, da hätten wir eine Rede, die is wunderschön, da wein ich, da weint der Chor, da weinen die Angehörigen, da weint die ganze Gemeinde. Die kostet fünftausend Zloty." Da der Besucher den Kopf schüttelt:

„Und dann gibt's eine um viertausend Zloty, die is auch sehr ergreifend, da wein ich, die Angehörigen weinen, im Chor unterdrückt man Schluchzen, und die Gemeinde is sehr ernst gestimmt." – „Is das Ihr äußerstes Angebot?" – „Nein, die um dreitausend is auch noch ganz schön ergreifend, der Chor macht ernste Gesichter, in der Gemeinde wird hie und da ein Schluchzen unterdrückt, und die Angehörigen weinen hie und da ein bisserl." – „Und is das alles, was Sie mir anzubieten haben?" – „Nein, es gibt noch eine Rede um tausend Zloty, aber die möcht ich selbst nicht empfehlen. Die hat einen leicht humoristischen Beigeschmack."

✳

Es war von Zloty die Rede und von Brody. Dies alles ist unumgänglich. Das Russisch-Polnisch-Jüdische gehört zu diesen Witzen untrennbar dazu. Wie Italien zu Boccaccio, wie Zürich zu Gottfried Keller. Sie machen das Milieu unsterblich, und sie müssen so bleiben, auch wenn von dieser Sphäre und Atmosphäre kaum mehr etwas geblieben ist. Wie vom Prag des Franz Kafka und vom Galizien des Joseph Roth.
Dann also Polen zu Olims Zeiten:
Einer besucht seinen Freund in Warschau. Am Sonntag vormittag gehen sie auf dem Korso spazieren. „Eine schöne Frau!" sagt der Gast. – „Fünfhundert Zloty", sagt der Einheimische. – Bald darauf: „Ph, die ist fesch!" – „Vierhundert Zloty." – Bald darauf: „Nicht mehr ganz jung, aber bildhübsch!" – „Dreihundert Zloty." – „Ja, gibt es denn in Warschau keine anständigen Frauen?" – „O ja, aber teuer!"

6

Unterwegs

Und da wir schon im Polen der Witze kurz Aufenthalt genommen haben, bleiben wir bei den dortigen Verkehrsbedingungen.

Einer trifft einen Bekannten in der Bahnhofshalle. „Wohin fahren Sie?" – „Nach Tarnopol." – „Ich auch." – „Da können wir zusammen fahren." – „Ich bin schon zusammengefahren, wie ich Sie gesehn hab."

*

Wieder begegnen zwei einander in der Bahnhofshalle. Der eine führt eine recht große Zigarrenkiste mit sich, sonst aber kein Gepäck. – „Wohin fahrst du?" fragt der andere. – „Nach Przemysl." – „Und da brauchst du so viele Zigarren?" – „Was heißt Zigarren? Lauter Wäsch!"

Intermezzo apropos Hygiene. Ein alter Jud meditiert: „Ma wascht sich die Händ'. Ma wascht sich das G'sicht. Maniges Mal wascht ma sich auch den Hals. Warum wascht ma sich eigentlich nie die Füß?"

*

Intermezzo apropos Hals. „David, wasch dir den Hals, wir bekommen Besuch." — „Ja, aber wenn dann der Besuch im letzten Moment absagt, steh ich da mit'n gewaschenen Hals."

*

Zurück zum Verkehrswesen.
Einer geht zum Kassenschalter eines Bahnhofs und verlangt „eine Karte for Lemberg".
Der Kassier ist ein Antisemit und sagt barsch: „Wir haben keine Karten vor Lemberg. Wir haben nur Karten nach Lemberg."
„Gut. Geben Sie mir eine Karte nach Lemberg, und ich geh halt das Stückerl zurück."

*

Einer möchte seinen Freund schwarz mitnehmen. Der Freund steigt in einen Sack und wird so in den Wagen transportiert. Der Schaffner fragt: „Was haben Sie da drin in dem Sack?" — „Da drin hab ich Glas." — Der Schaffner klopft mißtrauisch an den Sack. Der darin Befindliche ruft ängstlich: „Kling, klang!"

*

Und zum Abschluß dieser Serie ein Witz, der mir durchaus nicht jüdisch, sondern eher bajuwarisch vorkommt, worüber ich glücklich wäre, denn ich habe mich so sehr in die jüdischen Witze eingelassen, daß sie in der Überzahl sind, was ursprünglich durchaus nicht meine Absicht war.

Ein Reisender will Kaffee schmuggeln und füllt die Bohnen in zwei harmlos aussehende Säcke. „Was is da drin?" fragt der Zöllner. – „Das drin is Futter für mein' Hasen." – Der Zöllner öffnet einen Sack und sieht den Kaffee. „Das wird der Has aber nicht fressen." – „Wenn er das nicht frißt, kriegt er gar nix."

7

Zwischenruf

„Haben Sie dieses Buch gelesen? Und wenn es Ihnen gottbehüte gefallen hat, in einem Zug bis hierher?" (Das Wort „gottbehüte" ist doppelt determiniert. Erstens als Geste des Aberglaubens. Zweitens weil dieses Buch nur in kleinen Schlucken zu sich genommen werden soll.)

Lesen Sie jetzt, bitte, dieses Kapitel zuende, und dann pausieren Sie. Witze soll man nicht „am laufenden Band" erzählen und schon gar nicht lesen. Nichts ist schrecklicher als die gewissen Runden von Studenten, Soldaten, Kurgästen und anderen Gruppen, bei denen ein Witz den anderen jagt. Die Herren lassen einander kaum zuende erzählen; jeder ist gierig, selbst dranzukommen, läßt den Vorredner kaum auserzählen. Gelacht wird fast gar nicht.

Noch weniger (doch das ist begreiflich) lachen Komiker, denen man einen Witz erzählt. Auch wenn sie ihn noch nicht kennen. Sie sind wie Teekoster, die ja auch nicht zum Vergnügen Tee kosten. Ich habe Erfahrungen gesammelt und einen einzigen komischen Darsteller gefunden, der gelacht hat, wenn ich einen Witz erzählt habe. Sein Name sei ehrend genannt: Alfred Böhm. Viele andere haben nicht gelacht und meistens nur „ja" gesagt.

Witze müssen in homöopathischen Dosen konsumiert werden. In gedruckten Anhäufungen von Witzen muß man blättern, nicht lesen. Wenn es mit diesem Buch so wird, wie ich es mir erträume, dann ist es ein Vademecum.

Es gibt ein sehr umfangreiches „Lexikon des Humors" von M. G. Saphir – ein warnendes Beispiel.

Ich erzähle sie ja auch nicht alle, ich benütze keine Sekundärliteratur, ich schreibe hier nicht alle nieder, die man mir erzählt hat, sondern nur die, die ich mir gemerkt habe.

Man liest ja auch, wenn der Vergleich gestattet ist, Gedichtbände nicht in einem Zug. Auch Kochbücher nicht.

Es gibt eine im allgemeinen schlechte Gewohnheit, die aber hier indiziert ist: das Überfliegen, das Durchblättern.

So, jetzt klappen Sie dieses Buch zu und fangen Sie beim nächsten Mal an irgendeiner beliebigen Stelle wieder an!

8

Der Wendepunkt

Als ich noch ein Knabe war, rein und ohne Falte, wurde ein Witz erzählt. Ein ganz besonderer Witz. Er erregte Aufsehen. Er löste Für und Wider aus.
Zwei Freunde gehen ins Restaurant. Der eine bestellt Kalbsgulasch mit Nockerln. Als das Gulasch gebracht wird, schmiert er sich die Nockerln auf den Kopf. — „Was machst du mit den Nockerln?" fragt der Freund entsetzt. — Der andere geistesabwesend: „Ach so, das sind Nockerln? Ich hab geglaubt, es ist Spinat." Es hat, glaube ich, mehrere Versionen gegeben. Ich erinnere mich nur ganz dunkel an eine einzige, in der von gerösteten Erdäpfeln die Rede war und der die Pointe hatte: Ich hab doch Paradeissauce bestellt.

*

Dieser Witz — er dürfte angelsächsischen Ursprungs sein — war ein Wendepunkt, wie das Bläserquintett von Arnold Schönberg und die Bilder von Franz Marc. Das Surreale zog ein in das Reich der Witze.
Bald folgten die surrealen Witze von den klugen Tieren.
Ein Mann sitzt im Kaffeehaus und spielt Schach mit einem ihm gegenübersitzenden Hund. Der Mann macht einen Zug, der Hund macht einen Zug. Ein Gast steht daneben und beobachtet das Spiel fasziniert und sagt schließlich: „Ein erstaunlicher Hund!" — „Aber

gar nicht!" sagte der Mann. „Das ist schon die dritte Partie, die er verliert."

*

Ein Pferd, das einen Wagen zieht, droht scheu zu werden. Ein anderes Pferd, auf dem ein Reiter sitzt, kommt vorüber und ruft dem Pferd zu: „Immer Pferd bleiben!"

*

Von diesen edlen Witzen ist's nur ein Schritt zu den makabren.
„Mama, ich will nicht nach Amerika!"
„Sei ruhig!"
„Mama, ich will nicht nach Amerika!"
„Sei ruhig und schwimm weiter."

*

„Mama, ich mag meinen Bruder nicht!"
„Sei ruhig!"
„Mama, ich mag meinen Bruder nicht!"
„Sei ruhig; was zu Tisch kommt, wird gegessen!"

9

Endlich!

Ich hab's kaum ausgehalten, aber jetzt muß er her, der kleine Moritz! Er ist ein Urheld. Er darf nicht in Vergessenheit geraten! Die Redensart „wie sich der kleine Moritz das vorstellt" muß bleiben beziehungsweise auferstehen.

Bei Franz Molnár heißt es irgendwo: „Die ganze Weltgeschichte ist so, wie sie der kleine Moritz sich vorstellt." Wie wahr! Wer je Gelegenheit hatte, in die Weltgeschichte Einblick zu nehmen, bestätigt die Erkenntnis. Der kleine Moritz stellt sich alles höchst primitiv vor wie, auf etwas höherer Ebene, sein großer Kollege, der brave Soldat Schwejk. Beide nehmen alles beim Wort.

„Neulich bin ich spazieren gegangen, kommt a Mädel auf einem Damenrad dahergefahren, wir habn angefangen zu plaudern, es war heiß, wir habn uns auf die Wiese gelegt, sie hat den Mantel ausgezogen, dann hat sie die Jacke ausgezogen, dann hat sie die Bluse ausgezogen, dann hat sie mich umarmt und hat gesagt: ‚Moritz, jetzt kannst du von mir haben, was du willst!' – No, hab ich mir das Damenrad genommen."

✳

Der kleine Moritz kommt vom ersten Schultag nachhause und sagt enttäuscht: „Das soll a erste Klasse sein? Und keine gepolsterten Bänke?"

Er war sehr kleinwüchsig, der kleine Moritz, als er die erste Klasse besuchte. Eines Vormittags verlangte er in artigem Ton „hinaus" und kam darauf völlig durchnäßt in die Klasse zurück. – „Was ist denn geschehn, Moritz?" – „Der Herr Oberlehrer hat mich übersehn."

*

Einmal bat der Herr Lehrer die Kinder, sie mögen eine schöne Geschichte erzählen.
Der kleine Karl erzählte die Geschichte von der Frau Holle, der kleine Franz erzählte die Geschichte vom tapferen Schneiderlein, der kleine Josef erzählte die Geschichte von der Schneekönigin.
Der Lehrer: „Na, Moritz, willst du uns nicht auch eine schöne Geschichte erzählen?"
Moritz: „Ausgeblieben."
Der Lehrer: „Was heißt das?"
Moritz: „Gestern hab ich gehört, wie unser Kinderfräulein zu meinem Vater gesagt hat: ‚Ausgeblieben', und da hat er gesagt: ‚Das ist eine schöne Geschichte!'"

*

Einige Jahre später, Moritz war schon in der Oberstufe, fragte der Lehrer die Buben, welche Männer wohl das Weltbild der Menschheit entscheidend verändert hätten.
Karl sagte: „Jesus Christus."
Franz sagte: „Karl Marx."
Josef sagte: „Sigmund Freud."
Fritz sagte: „Albert Einstein."
Da meldete sich stürmisch der Moritz: „Bitte, darf's auch ein Goi sein?"

Der kleine Moritz war klug und war gebildet, aber seine Eltern hatten Angst davor, daß er „jüdelte" und daß ihm dies für seine künftige Karriere schaden könnte. Drum schickte man ihn in eine Klosterschule und besuchte ihn ein halbes Jahr nicht. Dann, endlich, fuhr sein Vater zu dem Kloster und sagte dem Bruder Pförtner: „Ich komme meinen Sohn Moritz besuchen." Da sagte der Bruder Pförtner: „Die Kindelach sennen im Garten."
Und siehe da: Die geistlichen Herren und die geistlichen Schwestern und die Schülerinnen und Schüler — das ganze Kloster jüdelte.

*

Moritz war verheiratet. Eines Abends war er verschwunden. Seine Frau ging in ein Kaffeehaus und sah ihn Karten spielend an einem Tisch in einer nicht gerade eleganten Gesellschaft. Vorwurfsvoll rief sie aus: „Moritz! Du setzt dich hin Karten spielen mit Leuten, was sich hinsetzen mit dir Karten spielen?!"

10

Das unalphabetische Lexikon

Ich muß bald zu einem Parallel-Witz kommen, der den Kloster-Witz ergänzt. Aber dazu ist ein größeres philologisches Zwischenspiel notwendig, das ich mir längst vorgenommen habe.

Ich will versuchen, aus meinem Gedächtnis heraus, die Jargon-Fachausdrücke, die teils lebendig, teils schon obsolet sind, aufzuzeichnen.

Zuvor noch ein Blick auf unseren Mann, der so eifrig in ein großes Buch schreibt. Der Freund kommt wieder zu ihm, findet ihn relativ unverändert und fragt nach dem Fortgang der Arbeit. – „Gut." – Wie das Buch heißen soll, wird wieder nicht verraten.

*

So, und jetzt das angekündigte kleine Lexikon. Es wäre nicht sehr mühsam, eine alphabetische Ordnung herzustellen; aber um allen Anschein der Wissenschaftlichkeit zu vermeiden, bleibe ich bei der unalphabetischen assoziativen Methode.

MISCHPOCHE die Familie, Adjektiv MISCHPOCHAL
EZES Ratschläge (Einzahl, wenig bekannt, EZ)
ZORES Sorgen, Unzukömmlichkeiten (eine beliebte
    Definition: Mischpoche = Zores am laufenden
    Band)
NEKOME Schadenfreude

RACHMONES Mitleid
SCHMONZES Nichtigkeiten, Unwichtiges
TACHLES (der Gegensatz) Reales, Tatsächliches,
   Wirkliches
BROIGES verfeindet, verzankt
TOCHES das Hinterteil
PONEM das Antlitz
GANEF Gauner, Schelm
KILLE die Gemeinde
MEWEN Fachmann (bitte gut merken!)
DEIGEZEN überflüssig herumreden (von Dilettanten oft
   fälschlich „teigezen" ausgesprochen)

SCHMUSEN in letzter Zeit für „flirten, kosen" gebraucht, ursprünglich nur: reden, plaudern

GEWURE Kraft

GALACH der christliche Geistliche

CHOCHEM der Kluge (OBERCHOCHEM der sehr Kluge)

KOSCHER nach rituellen Regeln zubereitet; NICHT KOSCHER auch im übertragenen Sinn für „anrüchig" verwendet

TREFE nicht nach rituellen Regeln zubereitet

SCHABBES der Samstag (Sabbat; beginnt Freitag mit dem Dunkelwerden, endet Samstag mit dem Dunkelwerden)

GOI der Nichtjude, weiblich GOITE

CHUZPE Frechheit, Adjektiv CHUZPEDIG

KOWED Ehre

TATE Vater

MAMME Mutter

LOZELACH (Plural) Witze

REBBACH Gewinn

MEWULWE verwirrt, verrückt

PETITE Schwindel, nicht ganz koschere Unternehmung

TAM (Adjektiv BETAMT) ein Kluger, Geschickter, von guten Geistern Gesegneter, dem gelingt, was er anfaßt. Gegenteil: UNTAM

NEBBICH ein negativer Ausruf wie im Lateinischen „heu", im Französischen „hélas", Bedauern, Mitleid, Trauer, aber auch Überlegenheit ausdrückend. – Der NEBBICH: ein Unansehnlicher, Unbedeutender, Verächtlicher. (Der Untam läßt alles fallen, der Nebbich hebt's auf.)

NEBBOCHANT Synonym für Nebbich

KELEF Hund (Plural: Keluwim)

BOCHER junger Mann, Schüler des Rabbi

11

Der gute Sohn

Zunächst wieder ein Blick auf den Mann, der in sein großes Buch schreibt. Sein Freund besucht ihn wieder und findet ihn kaum verändert. Auf die Frage nach den Fortschritten der Arbeit sagt er, daß er gut weiterkom-

me, aber die Arbeit werde nie zuende sein. Und wie das Buch heißen wird, will er noch immer nicht sagen.

*

Ein Mann hatte es in Deutschland zu einem großen Vermögen gebracht, hatte Zutritt zu der guten Gesellschaft, aber er blieb ein guter Sohn und verwöhnte seinen Vater, der irgendwo im Osten lebte, aber häufig auf Besuch zu ihm kam.

Zu seinem siebzigsten Geburtstag durfte sich der Vater etwas wünschen. „Einmal nimm mich mit nach Amerika, Bub, ich mecht so gern Amerika sehn!"

„Ja, Vater, ich will dir zuliebe tun, was du willst, aber es ist halt das: Du jüdelst so. Ich will dich doch drüben nicht im Hotel allein lassen. Ich komm mit so vielen wichtigen Leuten zusammen – das mußt du verstehn."

Da versprach der Vater dem Sohn, daß er alles tun werde, um innerhalb eines halben Jahres ein korrektes Deutsch zu sprechen.

Der Sohn holte den Vater ab, sie fuhren nach Cuxhaven, sie gingen zum Schiff, da sagte der Vater: „Schau, da fliegen die Fachleute."

*

Und da wir schon vorübergehend in Hamburg sind: In Hamburg gibt es die Witz-Figur Klein-Erna. („Klein-Erna, geh nich' so nah an' Eisbär'n ran, bist ohnehin schon so erkältet.")

Ich habe einmal viele Klein-Erna-Witze kennengelernt. Aber sie sind mir entfallen.

Dann gibt es die Ostfriesen-Witze, dann gibt es die rheinländischen Witze. Das Sächsische ist, Gott sei's geklagt, heute kaum mehr komisch. Ich bin überzeugt, daß es hessische, pfälzische, badensische, fränkische

Witz gibt, vermutlich jeweils auch Aggressionen in Witzform ...

... wollte ich das alles auch nur mit einem Schein von Vollständigkeit zu bewältigen versuchen, müßte dieses Buch ein Fragment bleiben. Ich schreibe ungern Fragmente; und so will ich es dabei belassen, hier selektiv und egozentrisch zu bleiben. Auf gewisse Regionalismen komme ich noch gelegentlich zurück, schon als Gegengewicht gegen das überwuchernde Jüdische.

*

Zum Beispiel die Schotten.
„Siehst du diesen Zwerg? Sein Vater war nämlich ein Schotte."

*

Ein Schotte erwirbt preisgünstig eine Flasche Whisky, die ihm aber dubios vorkommt, mit Recht, denn es handelt sich um Methylalkohol. Und durch Methylalkohol erblindet man.
„Was hast du mit dem Methylalkohol gemacht?" fragt man ihn später. – „Ich hab ihn meinem blinden Onkel verkauft."

*

Sehr viele Witze sind aggressiv. Unvergeßlich als Paradigma in diesem Zusammenhang ist mir das schöne Gedicht – ich glaube von Matthias Claudius –, in dem die Angehörigen jeder Gemeinde sich über die andern Gemeinden lustig machen:
Die Flottbeker – es ist doch kein Flottbeker am Tisch? Nein, noch sind sie draußen, erzähl Er nur frisch.

Womit wir in die freie Hansestadt Hamburg zurückgekehrt wären.

*

Überall sind die regional bedingten Witze Ausdruck von Gegnerschaft und Aggression (wie schon gesagt). In der Schweiz zum Beispiel machen sich alle Kantone über alle Kantone lustig, über die rustikalen Appenzeller, über die langsamen Berner.

Eine jungverheiratete Frau kam weinend zur Mutter ihres Mannes und beklagte sich, daß nicht nur in der Hochzeitsnacht, sondern auch seither nichts geschehen sei. Die Mutter sprach höchst taktvoll mit ihrem Sohn, und dieser sagte, nicht schuldbewußt, nur erstaunt: „Ich hab nicht gewußt, daß es so pressiert."

Die Thurgauer, so wollen es die Witze, stehlen gern. Man sagt, daß sie abends ihre Häuser hineinnehmen, damit sie nicht über Nacht gestohlen werden.

In Basel ist Frau Cekadete (auf der ersten und der dritten Silbe zu betonen, mit zwei langen e) Heldin lokaler Scherze. Ihr Name kommt daher, daß nur die Familien, die sich Burckhardt schreiben, also mit ck und dt, echte Baseler Patrizier sind und auf die Familien Burkhard, Burkhart, Burckhard, Burckhart etcetera hinunterschauen. (Übrigens waren der große Jacob Burckhardt und sein Sohn, der Diplomat, Cekadetes.) Ein Zürcher Witz ist mir nicht gegenwärtig, wohl aber die Tatsache, daß Zürich und Basel in ewiger Gegnerschaft entzweit sind. („Das Schönste an Zürich ist der Zug nach Basel" und umgekehrt.)

*

Die Tschechen sind ein witziges Volk, und es gibt sicherlich Bösartiges gegen die Slowaken und umgekehrt.

Mir sind zwei Witze aus der Zeit der Republik nach 1918 in Erinnerung. Damals war alles Deutsche und Deutschsprechende höchst suspekt, und die Sprachenverordnungen waren eine totalitäre Insel innerhalb einer sonst recht perfekten Demokratie.

Einer hatte den Weg verloren, ging in ein Kloster und erkundigte sich dort auf deutsch. Der geistliche Herr zuckte die Achseln und sagte tschechisch, daß er nichts verstehe. Darauf nahm der Fremde sein letztes Latein zusammen: „Reverendissime pater, est possibile mihi dicere ubi est via . . ." Darauf der Pater: „No, a bissel deitsch kann ich schon."

✳

Ein Ertrinkender treibt in der Moldau und schreit durchdringend: „Hilfe! Hilfe!"

Ein Prager beugt sich über das Geländer und ruft hinunter: „Hätten S' lieber schwimmen glernt statt deitsch."

✳

Und auch bei uns, wo ich zuhause bin, blühen die Feindseligkeiten oder, besser gesagt, Gegnerseligkeiten. Gegen Wien sind sie alle. Die Steiermärker verachten die Kärntner. Und umgekehrt. Die Burgenländer sind Objekte der üppig wuchernden Burgenländer-Witze:

Warum biegt sich eine Eisentraverse nach unten durch, wenn sich ein Burgenländer draufsetzt? – Der Gescheitere gibt nach. Ich mag diese Burgenländer-Witze gar nicht sehr, denn das Burgenland ist ein Stief-Bundesland, hat nach dem Ersten Weltkrieg einen Freiheitskampf geführt, um zu Österreich zu kommen, und hatte es seither sehr oft recht schwer.

Die auch intern wenig bekannten Mühlviertler-Witze
sind oft adaptierte Burgenländer-Witze; und die Burgenländer-Witze sind oft adaptierte Ostfriesen-Witze.
Dies alles wäre einer näheren Untersuchung wert.
Kulturhistoriker her!

✱

Ein Tiroler ist bekanntlich ein Mann, der von jedem
Tiroler sagt: „Das ist kein echter Tiroler."
Einst, zu Anfang der vierziger Jahre, standen zwei
Tiroler auf dem Hafelekar, Riesenhüte, Lederhosen,
schwarze Bärte, mächtige Nasen, und einer sagte zum
andern: „Eigentlach schau'n wir Tiroler doch so aus
wie diese Juden. Da kchönnt' doch so einer herkchom-
men und sich hier bei uns versteckchen." – Darauf der
andere Tiroler: „Wem sagen Sie das?!"

✱

Und da wir in die Zeitgeschichte geraten sind, gleich
auch ein roter Flüsterwitz:
In Prag war eine hochrangige sowjetische Delegation
zu Gast. Nach dem offiziellen Bankett wurden die
Gäste von den Gastgebern durch das stimmungsvolle
nächtliche Prag zum Hotel geleitet. Sie sahen einige
Frauen, und der Chef der Gastgeber ging auf eine der
Frauen zu und fragte leise: „Könnten Sie mit uns kommen und einen unserer Gäste ein wenig unterhalten,
Genossin Hure?" Er erhielt prompt eine saftige Ohrfeige. Nach kurzer Zeit wurde ihm seine Taktlosigkeit
bewußt, er ging einige Schritte zurück und entschul-
digte sich, weil das Wort „Hure" in der sozialistischen
Gesellschaft nicht angebracht sei. – „Aber was", sagte
die Frau, „das ist es wirklich nicht! Aber wie können
Sie sich unterstehn, zu mir ,Genossin' zu sagen?"

12

Einer kommt zum Doktor

„Herr Doktor, bitte, sagen Sie mir frei heraus und ehrlich, wie es um mich steht."
Nach der Untersuchung sagt der Arzt: „Also, Langspielplatte tät ich mir an Ihrer Stelle keine mehr anschaffen."

*

Ein Arzt hat drei Patienten, einen Katholiken, einen Protestanten und einen Juden. Alle drei haben die gleiche Krankheit, alle kommen in Abständen immer wieder zur Untersuchung, allen hat der Doktor versprochen, ihnen das bevorstehende Ende anzukündigen.
Und, wie der Zufall so spielt, bei allen dreien ist es gleichzeitig soweit.
Als erster kommt der Katholik. Der Doktor offenbart ihm die traurige Wahrheit und fragt: „Was werden Sie jetzt machen?" – „Ich werde Frieden mit meinem Herrgott machen, werde meine Seele erforschen und beichten gehen und werde in Frieden warten, bis ein geistlicher Herr kommt und mir die heiligen Sterbesakramente gibt."
Als zweiter kommt der Protestant. Der Doktor offenbart ihm die traurige Wahrheit und fragt: „Was werden Sie jetzt machen?" – „Herr Doktor, ich bin Ihnen sehr dankbar. Ich hoffe, es bleibt mir Zeit genug,

meine Firma in Ordnung zu bringen, alle Verbindlich-
keiten zu erledigen, daß ich das Geschäft geordnet
meinem Nachfolger übergeben kann. Ich werde mit
meinem Anwalt mein Testament durchsprechen und
notfalls ergänzen, ich werde auf unserem Friedhof eine
Grabstätte auswählen und das Programm der Feier-
lichkeiten festlegen. Ich hoffe, daß ich nichts ungere-
gelt hinterlasse."
Als dritter kommt der Jude. Der Doktor offenbart ihm
die traurige Wahrheit und fragt: „Was werden Sie
jetzt machen?" — „Was ich machen wer'? Ich wer' mir
suchen einen andern Doktor."

13

Und Gott sprach

Herr Kohn betet zum lieben Gott, er möge ihm erscheinen.
Der liebe Gott tut ihm den Willen und erscheint.
„Was ist dein Begehr?"
„Lieber großer Gott, mei' einziger Sohn hat sich mir entfremdet, er halt nix mehr von unsere guten jüdischen Bräuch', er red' herum, was nix in unsere heiligen Bücher steht, was soll ich machen?"
„Mein lieber Sohn, es is scho lang her, da is mir was Ähnliches passiert. Was hab ich gemacht? A neues Testament."

*

Zurück zur Medizin:
„Herr Doktor, Herr Doktor, was soll ich machen? Beim Schlucken tut's mir weh, Kopfweh hab ich, in der Nacht drück ich ka Aug zu, das Zehnte vertrag ich nicht, beim Atmen gibt's mir ein' Stich, und ich selbst bin auch nicht gesund."

*

Womit wir an die Psychiatrie geraten.
Drei Mütter in Amerika unterhalten sich über ihre wohlgeratenen Söhne.
Die erste: „Sowas wie meinen Sohn gibt's ka zweites Mal. Jeden Herbst führt er mich in das teuerste Pelz-

haus, und ich darf mir den teuersten Mantel aussuchen."

Die zweite: „Das is noch gar nix. Über meinen Sohn geht nix. Jedes Frühjahr geht er mit mir ins teuerste Reisebüro, und ich darf ma aussuchen die kostspieligste Ferienreise."

Die dritte: „Das is noch gar nix. Mein Sohn geht zweimal die Woche zum teuersten Psychiater von New York. Und über was reden sie? Über mich."

*

Die Irrenhauswitze sind zahlreich. Meistens beginnen sie damit, daß eine Gruppe durch ein Irrenhaus geführt wird, daß einer aus der Gruppe versuchen möchte, einen Patienten zu heilen.

Der Patient war kultiviert und beredt, nur bildete er sich ein, Ludwig der Fünfzehnte zu sein.

Man ließ den Patienten mit dem Besucher allein. Dieser kam nach Stunden völlig derangiert, verschwitzt, keuchend zu den anderen: „Einen hab ich ihm abgehandelt. Jetzt glaubt er nur noch, er ist der Ludwig der Vierzehnte."

*

Und zum (vorläufigen) Abschied von der Medizin: Ein Gynäkologe hat eine Geliebte, die auch seine Patientin ist. Er nimmt sie als letzte Patientin dran, und nachher bereitet er Tee, und sie sitzen gemütlich und zivil an einem Tischchen.

Auf einmal spitzt er die Ohren und flüstert hastig: „Meine Frau kommt — zieh dich aus!"

Auch nichtjüdische Witze können weise sein.

14

Jugendfrei

„Kann man Ihr Buch auch jungen Leuten in die Hand geben?" fragte mich einer, dem ich von meinem Projekt erzählte.

„Nein", antwortete ich, „so ordinär wird es nicht." Ich habe gar nicht abgewartet, daß mein lieber, geduldiger und christlicher Verlag das Problem aufwirft; ich habe spontan das Prinzip der diesbezüglichen Zurückhaltung verkündet. Ich weiß zwar: „Man derf schon" (diese Pointe steht noch bevor). Aber das ist kein Kriterium für mich.

Ich kenne viele „ordinäre" Witze, ich schätze einige, aber sie sind nicht das, worum es mir geht. Sie sind selten geistreich, sie sind in höherem Sinn wertlos, wie die meiste Pornographie in Wort und Schrift. Pornographie von hohem künstlerischem Rang ist keine Pornographie mehr.

Und ein bißchen Bordell steht noch bevor, ebenso auch weitere Huren, aber nur dort, wo sie zum Gegenstand gehören und neben dem Tatbestand Einsichten vermitteln oder echte Witzigkeit. Zum Beispiel:

Der Erbprinz wird von seinem Hofmeister in die Geheimnisse des Liebeslebens eingeweiht und erfährt auch die Adresse des einschlägigen Etablissements. Dort läutet er an der Wohnungstüre, eine leicht bekleidete Frauensperson öffnet . . .

Der Erbprinz: „Erbprinz Claus-Joachim. Habe ich die Ehre mit Frau Hure persönlich?"

*

Andererseits: Ein Gast ist in einer vorwiegend jüdisch besiedelten Kleinstadt (Fachausdruck: Städtel) angekommen und fragt einen Eingeborenen: „Bitte, wo wohnt hier der Rebbe?"
„Uferstraße 17."
„Was? Der Rebbe wohnt neben dem Bordell?"
„Wieso? Das Bordell ist doch Hauptplatz 7."
„Ich danke vielmals."

*

Am frühen Morgen geht einer durch das Städtel und sieht einen Freund, der aus dem Bordell herauskommt.
„Was? In aller Früh gehst du ins Puff?"
„Hab ich's aus'n Kopf!"

*

Wieder in einem Städtel. Ein Gast kommt todmüde abends an, geht in die nächste Herberge, nimmt schnell etwas zu sich und will schlafen. Der Wirt begleitet ihn in sein Zimmer und beginnt wortreich, die Frauen zu rühmen, die er ihm verschaffen kann, junge, übertragene, raffinierte, unschuldige, vornehme, gewöhnliche . . .
Der Gast, der sich der Angebote nicht erwehren kann, sagt schließlich, um den Zudringling loszuwerden: „Nur wenn Sie mir eine Nonne bringen – sonst nix!"
Er glaubt, daß er den Wirten nun los ist.
Da klopft es an der Türe, er schrickt auf: „Was ist denn?"
„Iach bin's, de Nünn."

60

Graf Bobby hat geheiratet, und einige Wochen später trifft ihn Graf Rudi und fragt nach der jungen Ehe.

„Ich bin schon wieder geschieden."

„Ja, warum denn?"

„Es hat sich herausgestellt, meine Frau ist eine Jungfrau."

„Das ist doch kein Grund fürs Scheidenlassen."

„No ja, weißt Rudi, ich geh von der Überlegung aus: haben s' die anderen nicht wollen, will ich sie auch nicht."

Ein Witz, der ein Buch über die „Medien" ersetzt:
Einer kommt in ein Bordell und ist vom ersten Augenblick an begeistert. Gut geheizt, angenehme Atmosphäre, leise einschmeichelnde Musik, Getränke und Speisen sehr preiswert, reizendes Personal . . . Er beschließt: das wird mein Stammlokal.
Einige Zeit später kommt er wieder. Das Lokal ist nicht wiederzuerkennen, schlecht beleuchtet, alle Leute unfreundlich, Speisen und Getränke minderwertig und teuer.
„Was ist denn los? Habt ihr den Besitzer gewechselt?"
„Nein, warum?"
„Neulich war alles hier ganz anders."
„Wann waren Sie denn hier?"
Er denkt nach. „Am siebzehnten Februar."
„Na ja. Am siebzehnten Februar, da sind wird im Fernsehen übertragen worden."

*

Zwei Freunde treffen einander nach vielen Jahren wieder. Beide waren wenig bemittelt. Nun ist der eine sichtlich wohlhabend. – „Was ist aus dir geworden?" fragt ihn der andere. „Ich bin Bordellbesitzer." – „Und damit verdient man so gut?" – „Ja, jetzt, seit kurzer Zeit. Aber der Anfang war sehr schwer. Denn da waren wir nur zu dritt: meine Frau, meine Schwiegermutter und ich."

*

Im Talmud steht: „Wer seine Ehefrau genießt vor der Hochzeit, gleicht dem, der ungesäuertes Brot ißt vor Ostern."
Darunter hat einer mit Bleistift geschrieben: „Beides probiert – kein Vergleich!"

Zwei treffen einander. Es müssen nicht unbedingt
Juden sein.
Der eine hat einen Bart. „Servus", ruft er freudig.
Der andere schaut ihn fragend an.
„Erinnerst du dich nicht? Wir waren zusammen in der
Volksschule."
„Ausgeschlossen. In meiner Klasse war kein Bub mit
so einem Bart!"

15

Die himmlische Länge

Ein Witz muß thematisch an diesen eben erzählten Medien-Witz anschließen, einer von jenen, die lang sein und breit erzählt sein müssen. Auch dieser betrifft die Medien indirekt. Er ist eine Parabel über das Journalistische.

Einer will sich um den Posten eines Reisevertreters bewerben, wartet im Vorzimmer, da kommt ein Mann aus dem Chefzimmer und fragt hastig: „Bewerben Sie sich auch um den Posten?" Und da der Mann bejaht: „Mir hat er eine Reiseroute vorgeschlagen, und wie ich gesagt habe, daß ich dafür einen Monat brauche, war's ihm zu lang."

Und schon wird der Bewerber zum Chef gebeten. Er zeigt seine Zeugnisse vor, die sind in Ordnung. Und dann fragt der Chef: „Wenn Sie für mich eine Reise machen: Wien, St. Pölten, Amstetten, Enns, Linz, Wels, Gmunden, Ischl, Bischofshofen, Selzthal, St. Michael, Leoben, Bruck, Graz, wie lange brauchen Sie?" Der Bewerber überlegt: Ein Monat war ihm zu lang. Und er sagt: „Sechzehn Tage", nachdem er konzentriertes Nachdenken fingiert hat.

Der Chef scheint zufrieden. „Können Sie morgen früh fahren?" — „Ja." — „Hier sind Prospekte, Muster, Auftragsformulare und ein Spesenvorschuß."

Am siebzehnten Tag kommt der Reisende punkt acht

Uhr ins Büro. Der Chef strahlt: „Na, bringen Sie schöne Aufträge mit?"

„Aufträge? Ich bin froh, daß ich alle Anschlüsse erreicht hab."

*

Dies war nicht unbedingt ein jüdischer Witz. Und beim nächsten ist mindestens eine Hauptperson nicht jüdisch, denn es handelt sich um den Heiligen Vater. Die letzten waren Medien-Witze, der folgende ist ein Werbe-Witz von klassischem Format.

Die Finanzlage der katholischen Kirche war trist. Im Vatikan wußte man nicht aus und ein. Da ließ sich ein hoher amerikanischer Finanzmann beim Papst anmelden.

Im Vorzimmer warteten die hohen geistlichen Würdenträger ängstlich und gespannt auf das Resultat der Besprechung. Alsbald hörte man durch die Türe lautes Schreien. Mehrmals öffnete der Heilige Vater die Türe und wollte seinen Gast hinausweisen, dieser aber drängte ihn weg und schloß die Türe von innen. Einmal wankte der Papst ins Vorzimmer und rief mit versagender Stimme: „Wasser, Wasser!"

Mehr als zwei Stunden vergingen. Dann kamen die beiden Herren heraus, der Amerikaner rannte fluchend fort, der Heilige Vater sank in einen Armstuhl. „Es geht nicht! Es geht nicht! Er hat mir einen Scheck geben wollen, den ich beliebig ausfüllen darf, wenn künftig in allen katholischen Kirchen der Welt nicht ‚Amen', sondern ‚Esso' gesagt wird."

*

Es gibt jüdische Vertreter, es gibt jüdische Werbemanager, es gibt keine jüdischen Päpste. Lotsen, Straßenräuber und Automechaniker können aber gelegentlich jüdische Berufe sein.

Ein Räuber überfiel in finsterer Nacht einen Passanten, zielte auf ihn und rief: „Geld oder Leben!"

Der Passant, gleichfalls Jude: „Hören Sie auf mit solchene Narrischkaten!"

Der Räuber (unbeirrbar): „Geld oder Leben!"

Der Passant: „Ihre Mutter soll so leben, wie Sie jetzt nicht schießen werden!"

Der Räuber (entfernt sich langsam): „No ja, mit Gewalt!"

*

Ein Schiff nähert sich einem Hafen. Der Kapitän signalisiert, daß er einen Lotsen braucht. Alsbald kommt ein kleines Boot, ein kleiner Mann steigt an Bord. „Löwysohn, mein Name."

Der Kapitän fragt den Lotsen mißtrauisch, ob er alle Riffe und alle Untiefen genau kenne.

Löwysohn: „Ob ich kenn? Ob ich kenn!"

Der Lotse übernimmt das Kommando. Alsbald läuft das Schiff mit großem Krach auf Grund.

„Sehn Sie, Herr Kapitän", sagt der Lotse stolz, „das war zum Beispiel a Riff."

*

Die jüdischen Passagiere mußten nach einer Schiffskatastrophe auf einer wüsten Insel Zuflucht suchen. Als die Lebensmittel ausgehen, losen sie, wer von ihnen sich den anderen als Mahlzeit zur Verfügung stellen soll.

Das Los trifft den alten Kohn. Dieser bestürmt den Kapitän, daß es ja die Pflicht des Kapitäns sei, die Passagiere zu retten. Der Kapitän läßt sich umstimmen, greift nach dem Revolver und zielt auf seine Schläfe.

Da ruft Kohn: „Nicht in Kopf, Herr Kapitän, ich eß Hirn so gern."

*

Und jetzt ein Ur-Witz! Ein klassischer Witz! Wahrscheinlich jener, der von allen der populärste geblieben ist. Ich erinnere mich noch daran, wie er 1930 aufgekommen ist.

Einer fährt im Auto durch eine gottverlassene Gegend irgendwo im Osten. Der Motor funktioniert nicht mehr. Er geht zu Fuß zur nächsten Siedlung. Erkundigt sich nach der Nummer eines Mechanikers und ruft ihn telephonisch herbei.

Ein jüdischer Mechaniker kommt, blickt kurz auf den Motor, klopft mit einem kleinen Hammer dreimal auf eine Stelle. Der Motor funktioniert wieder.

„Was bin ich schuldig?"

„Hundert Zloty."

„Hundert Zloty? Das müssen Sie mir spezifizieren."

Der Mechaniker schreibt auf einen Zettel:

    Drei Kleppelach mit'n Hammer   3.—

    Gewußt wohin   97.—

Das ist ein Witz von unbegreiflicher Schönheit. Als wir ihn damals hörten, meinten mein Freund Gerhart und ich, man müßte sofort zum Herrn Professor Freud gehen und ihn ihm erzählen. Das wäre etwas für ihn.

16

Die letzten Tage der Menschheit

Aus dem Ersten Weltkrieg, den ich schon relativ bewußt miterlebt habe und der für mich vor allem durch Karl Kraus und Jaroslav Hašek verewigt ist, weiß ich nur noch einen Witz, der des Bewahrens wert ist. Dieser allerdings ist ein Inbegriff und eine Art Magna Charta des Pazifismus:

Einer steht Posten. Er sieht, daß ein feindlicher Soldat sich nähert und auf ihn zielt, und sagt: „Was schießen Sie? Sehn Sie nicht, daß da ein Mensch steht?"

*

Als es zum zweiten Mal soweit war, als aber noch Juden in Deutschland mit der Straßenbahn fahren durften, saß einer nahe der Wagentüre. Die Straßenbahn hielt mit einem Ruck — der Jude gab unwillkürlich einem vor ihm stehenden SS-Mann eine Ohrfeige. Ein anderer Jude sah dies und gab einem vor ihm stehenden SS-Mann gleichfalls eine Ohrfeige.

Beide kamen vor den Richter.

„Was Sie getan haben", sagte der Richter zu dem einen, „war zwar schrecklich, aber Sie haben mildernde Umstände, weil Sie durch den Ruck erschreckt, also nur bedingt zurechnungsfähig waren. Sie aber", sagte er zu dem anderen, „haben etwas völlig Unerklärliches, Unberechtigtes getan. Was ist Ihnen denn eingefallen?"

„Ich hab geglaubt, man derf schon."

Und als die Katastrophe gekommen war, als sich eine privilegierte Minderheit in die Emigration retten konnte, saß einer in einem typischen Londoner Restaurant, wo das Essen nicht das ist, was unsereiner sich wünschen würde.

Er sah auf seinen Teller. Er sah zum Fenster hinaus auf die nieselnde, nebelige Umgebung. Zorn übermannte ihn, er schlug auf den Tisch und schrie: „Aber die Meere beherrschen, ja!"

∗

In New York trachtete jeder, seine voremigrantische Vergangenheit aufzuwerten.

Einige Hunde stehen an einer New Yorker Straßenecke. Sagt ein kleiner Rauhhaardackel: „In Berlin war ich ein Bernhardiner."

∗

Eine Anekdote, selbst erlebt von Peter Preses, der sie mir erzählt hat: Er traf den großen Wiener Komiker Armin Berg, und beide klagten über ihre katastrophale Situation. Bald drauf traf Preses einen Bekannten, der vor einem Geschäft stand und eine Tafel trug, daß dort gestreikt wurde, und der ihn bat, die Tafel einen Augenblick zu halten. Da kam Armin Berg vorüber, sah ihn und sagte anerkennend: „Was? Sie streiken schon?"

∗

Um diese Zeit ging einer in ein Reisebüro, sah einen Globus, drehte ihn nachdenklich und fragte den Angestellten: „Sonst hab'n Sie nix anzubieten?"

Herr Kohn verabschiedete sich von seinen Freunden.
„Wohin fahrst du?"
„Nach Neuseeland."
„Ist das nicht sehr weit?"
„Von wo?"

*

In der ersten Zeit siegte die Wehrmacht immer wieder. Polen, Belgien, Holland, Dänemark, Jugoslawien – die Hakenkreuzfahne wehte über Paris, die Hakenkreuzfahne wehte auf dem Olymp – ich erinnere mich: Es war schwer, Optimist zu bleiben. Aber es gelang vielen.
Diesen Witz erzählte man damals:
Im australischen Busch, fern von jeglicher Zivilisation, saßen zwei Juden, Emigranten, und warteten ungeduldig auf die nächste Nummer einer Zeitung. Da lasen sie: „Die Wehrmacht in Washington einmarschiert, über dem Weißen Haus weht die Hakenkreuzfahne."
Da sagte der eine zum anderen: „Dos wird ihm das Genick brechen!"

*

Da ich schon dabei bin, da es schon so lange her ist, aber mir so deutlich in Erinnerung, noch zwei weniger tragische Witze aus jener Zeit:
In den deutschen Sendungen des Londoner Radios, die man in Deutschland nicht hören durfte, wurden immer die Namen jener deutschen Soldaten genannt, die unverletzt in britische Gefangenschaft geraten waren.
Ein junger Mann war von dem deutschen Wehrmachtsbericht als gefallen, im Londoner Radio aber als

unversehrt gemeldet worden. Seine Eltern luden zu
einer Trauerfeier ein. Kein einziger Gast erschien.

*

Im Rheinland war Nacht für Nacht pünktlich zur
gleichen Zeit Fliegeralarm. Eines Nachts blieb der
Fliegeralarm aus, eine halbe Stunde, noch eine halbe
Stunde . . .
Ein Ehepaar lag wartend im Schlafzimmer, und der
Mann sagte schließlich besorgt: „Es wird ihnen doch
nichts zugestoßen sein."

17

Soundsovielte Abschweifung

Da lasse ich einen Witz auf den andern folgen, bemühe mich, daß es zwar ein bisserl systematisch, aber nicht zu trocken katalogisch werde; und dabei werden in meinen Gedanken zwei Phänomene immer gewichtiger.

Zweitens der Witz an sich, eine nicht recht faßbare Erscheinung, der ich so gern auf den Grund käme, der ein so subtiles, vielschichtiges Ding ist, daß er sich umso intensiver entzieht, je näher man ihm kommen möchte.

Der Witz ist eine der wenigen Erscheinungsformen des menschlichen Erfindens und Formulierens, die fast ausschließlich auf mündliche Überlieferung angewiesen ist. Er ähnelt den Kochrezepten, aber die werden häufig von Experten und Expertinnen aufgeschrieben, auch gibt es gedruckte Kochbücher in großer Anzahl. Gibt es auch „Witz-Bücher"? Gewiß, aber in ihnen kann man nicht nachschlagen. Und sie lassen es oft an der authentischen Formulierung fehlen.

Der Witz gleicht dem Volkslied, irgendwann von einem Anonymen ersonnen, allmählich weiterverbreitet oder nicht, nach Gesetzen blühend, wachsend und vergehend, die man nicht erkennen kann.

Und doch: Bedenken Sie, wie viele Witze täglich gedruckt werden! Die Tageszeitungen haben ihre Rubrik, die Wochen- und Monatszeitschriften, dazu kommt noch die Unterabteilung der sogenannten Cartoons, die sich von den nichtbildlichen Witzen unterscheiden wie Gesang von Prosa. Ein ungeheuerliches Angebot, dessen Echo nicht meßbar ist. Dazu noch die Scherze der Conférenciers und verwandten Berufsplauderer.

Dem Witz am ähnlichsten scheinen mir die Extempores der Komiker, wenn sie Tradition haben. Lesen Sie im Textbuch der „Fledermaus" den dritten Akt, Sie finden all das nicht oder nur fragmentarisch, was der *Gefängnisdiener Frosch* äußert.

*

Ein Mann lehnt sich zurück und legt eine auseinandergebreitete Zeitung über sein Gesicht. Frosch: „Er seufzt unter dem Druck der Presse."

Ist das komisch? Wenn man es liest, kaum. Und fast alles Komische des Theaters und Films und Kabaretts, vor allem das optisch Komische, entzieht sich der Lektüre. Und jeder will ein Fachmann sein. Der Autor, der's geschrieben hat, der Regisseur, der Komiker selbst. Und keiner weiß es wirklich, ehe es vor ein Publikum gekommen ist. Und die genaue Formulierung des Wortlauts, die weiß nicht einmal die Souffleuse genau.

Das alles sollte studiert, sehr ernst genommen, gelehrt und gelernt werden können, vom kleinen Moritz über den Frosch bis zum Malvolio, vom Flüsterwitz in Rot und in Braun, vom nationalen Witz zum allgemeingültigen – aber wer sollte das besorgen? Theaterwissenschaftler, Zeitgeschichtler, Psychologen, Germanisten? Gott verzeih' mir die Sünd: die Professoren werden sehr überschätzt. Humor ist eine zu ernste Angelegenheit, als daß man ihn ihnen überlassen dürfte.

18

Wie oft wechselt Rothschild das Hemd?

Und wieder einmal besuchte er seinen Freund.
Der hielt sich schon etwas gebückt und trug einen
Zwicker mit dicken Gläsern.
„No ja, vorwärts komm ich ganz gut, aber es wird
immer unabsehbarer. Nie, nie werd ich mit diesem
Buch fertig werden."
Und wovon es handelt, wollte er noch immer nicht
sagen.

Rothschild, das war der jüdische Inbegriff des Reichtums, eine Chiffre für unendlich viel Geld.

Die Rothschilds waren fromme Juden und hielten daher den Sabbat streng ein. Am Sabbat durfte man keine Geschäfte machen. Herr Rothschild hielt sich daher einen „Schabbes-Goi" wie andere Juden auch, um das strenge Gebot zu umgehen. Der Schabbes-Goi las die Post und fragte Herrn Rothschild: „Wenn an einem andern Tag die Firma Soundso dasunddas schreiben tät', was täten wir ihr da antworten?" Und Rothschild sagte es ihm. Am Schabbes fand das Geschäft im Konjunktiv statt.

*

Ein armer Jude weit im Osten fragte einen Weitgereisten:

„Wie oft, glauben Sie, wechselt ein Wohlhabender in Wien das Hemd?"

„Zweimal die Woche."

„Und ein Reicher?"

„Dreimal die Woche."

„Und am Hof in Schönbrunn?"

„Jeden Tag."

„Und der Kaiser?"

„Zweimal am Tag."

„Und Rothschild?"

„Zieht an, zieht aus, zieht an, zieht aus, zieht an, zieht aus."

*

Wien war für viele ein gelobtes Land, ein fernes Paradies, von dem man träumte. Und der Kaiser eine große, legendäre Figur.

„Wie is es dort, wo der Kaiser wohnt?"

„Da is alles hell erleuchtet, da is schön warm geheizt, da sind elegante Leute, da wird den ganzen Tag gegessen und getrunken . . ."

Und einmal hat er dann wirklich die Möglichkeit, nach Wien zu fahren und kommt am Nordbahnhof an und geht durch die Praterstraße und sieht das „Café Produktenbörse" und ist überwältigt von so viel Pracht und geht hinein und fragt: „Der Kaiser schon da?"

*

Ein anderer kommt aus Wien zurück ins Städtel, und man fragt ihn, was er alles gesehen habe.

„Den Praterstern, die Zirkusgasse, die Praterstraße, die Taborstraße, die große Schiffgasse, die kleine Schiffgasse . . ."

„Und die Stephanskirche, die Hofburg, die Oper?"

„In die eißern Bezirke bin ich nicht gekommen."

*

Der Onkel hat seine Familie besucht. Er kommt zurück. Man fragt ihn: „Wie war's?"

Der Onkel: „Ma hat mir allen Kowed angetan. Ich hab mich aber doch beleidigt."

*

Zwei arme Juden träumen vom großen Wunder.

Der erste: „Wenn ich mir könnt' wünschen, was ich möcht, möcht ich mir wünschen a großes Schloß mit drei Stockwerk, und in jedem Stockwerk fufzig Zimmer mit elegante Möbel, und a große Küche mit dem feinsten Personal, und Wagen und Pferd' und ein' großen Park mit uralte Bäum . . ."

Der zweite: „Und wenn du hättest a solches Schloß,

tätest du mir geben von die vielen Zimmer a einziges
für mich?"
Der erste: „Nein."
Der zweite: „Du wärst so reich und tätest mir nicht
geben a einziges Zimmer? Warum?"
Der erste: „Wünsch dir selber a Schloß!"

*

Der Wunsch eines andern armen Juden wurde erhört.
Er hatte drei Wünsche frei und wünschte sich, in
einem Schloß zu leben, viel Geld zu haben und glücklich verheiratet zu sein.
Er fiel in tiefen Schlummer. Als er erwachte, lag er in
einem prächtigen Schlafzimmer, eine Frau trat an sein
Bett und sagte: „Aufstehen, Franz Ferdinand, wir
fahr'n nach Sarajevo!"

19

Ritus, Kultus und Tradition

Zwei Freunde kommen in eine Stadt, wo ihr Freund begraben ist.
Sie finden seinen Grabstein, darauf steht:
Aron Teitelbaum
ein ehrlicher Kaufmann
ein guter Familienvater
„Armer Freind! Mit zwei wildfremde Menschen haben sie ihn begraben!"

*

Im Städtel gab es einen Mann, den nannte man den „Weiner".
Er mußte bei jedem Begräbnis dabei sein, denn er konnte auf Kommando weinen und bekam dafür eine kleine Gage.
Einmal stand man schon am Grab und wartete, aber der Weiner kam nicht.
Endlich näherte er sich im Laufschritt und rief schon von weitem: „Rebbeleben, heit kann ich nix weinen, mei Frau is gestorben!"

*

Ein Mann schlief tief, da kam ein Telegramm, er öffnete es und las, daß seine Frau in Karlsbad gestorben sei.
„Weh, wird das morgen a Schmerz sein", sagte er, legte das Telegramm auf den Nachttisch und schlief weiter.

Und da sind wir in Karlsbad gelandet. Karlsbad war ein wichtiger jüdischer Kurort wie Bad Ischl.

Die sanitären Anlagen in Karlsbad waren imposant. Neben ihnen befand sich die schöne Kurpromenade. Dort spazierte ein Kurgast, ein anderer kam laufend herbei und entriß ihm die Zeitung, die er unter dem Arm hielt, und wollte eilig zu den sanitären Anlagen weiterlaufen.

„Das ist doch die heutige Zeitung!"

„Auf die morgige kann ich nicht warten!"

*

Einen anderen Witz bringe ich immer mit Karlsbad in Verbindung und weiß nicht recht, warum.

Seine Pointe ist klassisch geworden.

Zwei Juden gehen im Kurpark spazieren, sie sehen eine Kröte. Der erste sagt zum zweiten: „Wenn du die Krot chappst und sie frißt, kriegst du hundert Kronen."

Es geschieht, er bekommt hundert Kronen, aber ihm wird totenübel, und er muß die Kröte wieder von sich geben und sagt: „Wenn *du* die Krot chappst und sie frißt, kriegst *du* hundert Kronen."

Der erste geht mit der Kröte zu einem kleinen Teich, säubert sie und schluckt sie.

Er bekommt hundert Kronen, aber ihm wird totenübel, und er muß die Kröte wieder von sich geben.

Nachdenklich sitzen die beiden im Café Kaiserpark.

Dann sagt der erste: „Wozu ham mir eigentlich die Krot gefressen?"

*

Das war ein Witz, wie ich ihn nicht sehr gern habe. Aber um der Pointe willen, mußte er gefressen wer-

den. Eine bekannte Einteilung klassifiziert die Witze:
1. harmlose Witze, 2. gewagte Witze, 3. Witze für
Mediziner, 4. Witze für Medizinerinnen. Dieser war
zweifellos für Medizinerinnen, wie der ähnlich gela-
gerte, den ich aber nicht erzählen werde, von dem
Gulasch, das zwei Studenten der Anatomie im Magen
einer Leiche fanden.

✳

Schnell zurück in freundlichere Gefilde. Der Ohren-
spezialist Professor Neumann war bei seinen Studenten sehr beliebt. Sie schenkten ihm zum sechzigsten
Geburtstag ein goldenes Ohr. Er freute sich sehr, er
dankte aufrichtig, und plötzlich mußte er lachen: „Mir
ist eben eingefallen, daß nächstes Jahr der Professor
Halban sechzig Jahre alt wird."
Professor Halban war Gynäkologe.
Diese Geschichte hat den Nachteil, wahr zu sein.

✳

Zum Ausklang des Kapitels noch ein Werbe-Witz:
Auf einem Friedhof in den Vereinigten Staaten sieht
man ein großes Grabdenkmal mit der Inschrift: „Hier
ruht William H. Smith. Er wurde neunzig Jahre alt,
weil er sich nur von Haferflocken der Firma XY. er-
nährt hatte."
In der Nähe ein noch prächtigeres Grabdenkmal mit
der Inschrift: „Hier ruht John P. Miller. Er hatte ein
sorgenfreies Alter, denn er war bei der Firma XY.
versichert."
Alle überragend ein Prachtbau mit der Inschrift: „Hier
ruht niemand, denn seine Mutter nahm die Pille von
der Firma XY."

20

Der nächste Exkurs

Der Wortlaut? Ach ja, der Wortlaut!
Mozart hatte eine Arie für eine Sängerin komponiert.
Eine andere Sängerin wollte die Arie auch singen,
Mozart schrieb sie für sie auf und veränderte sie dabei.
Richard Strauss zitierte in einem Brief an Stefan Zweig
sein Lied „Ich trage meine Minne" und schrieb es
anders, als er es seinerzeit komponiert hatte.
Bertolt Brecht veränderte seine Texte, wenn sie neu
gedruckt wurden. („Und wird einer getreten, bist
du's." – „Und wird einer getreten, bist es du.")
Friedrich Dürrenmatt inszenierte eines seiner älteren
Stücke und veränderte den Text.
Ich bin entschieden für die Werktreue. Ich bin ent-
schieden gegen die Werktreue. Denn: Treue besteht
nicht im Buchstäblichen. Ich habe meine eigenen Ge-
danken und Maximen, zum Beispiel bei der Verände-
rung von Nestroy-Texten.
Bei „Figaros Hochzeit" und „Der Widerspenstigen
Zähmung" ist's einfach, auch bei „Rigoletto" und
„Margarethe", denn die sind ja übersetzt. Leider kann
man weder das Libretto des „Freischütz" noch das
Libretto der „Zauberflöte" ins Deutsche übersetzen.
Nötig hätten sie's streckenweise. („Alles, was ich
konnt erschauen, war des sichern Rohr's Gewinn" –
„Wo ist sie denn? – Sie ist von Sinnen.")
Kein erzählter Witz von einiger Länge hat einen fixen

Wortlaut. Vielleicht war es ähnlich bei den Märchenerzählern in den orientalischen Bazaren. Umso eher verweht, verschwindet der Witz im Orkus des Zeitablaufs. Und wenn es Bücher, Broschüren mit Witzen aus dem Repertoire einiger Bedeutender gegeben hat (Armin Berg, Heinrich Eisenbach, Karl Farkas, Fritz Grünbaum . . .), sind das nur Annäherungswerte. Die erfreuliche Fritz-Grünbaum-Renaissance gilt seinen Texten in Versen.

*

Der herrliche Max Böhm besaß eine gigantische pedantisch geordnete Sammlung von Witzen. Vielleicht kommt sie einmal zutage.
In memoriam Max Böhm:
Einer trifft den andern auf der Straße.
„Wohin gehn Sie denn mit Ihrem Hund?"
„Zum Uhrmacher."
„Was machen Sie mit dem Hund beim Uhrmacher?"
„Er bleibt alle fünf Minuten stehn."

*

Sitzen zwei Nullen in der Sauna. Kommt ein Achter herein. Sagt die eine zur andern: „Bei der Hitz tragt der ein' Gürtel!"

*

Kommt ein kleiner Baum zu spät in die Baumschule.
Fragt der Lehrer: „Warum kommst du so spät?"
„Bitte, ich war beim Zahnarzt, ich hab eine Wurzelbehandlung."

Ein ungeheuer diffiziles Problem ist das Lachen. An dieses trau ich mich nicht heran. Gesucht wird ein Fachpsychologe, der Humor hat, um es darzustellen und zu analysieren. Wo gibt's den?

„Der Lacher", das ist sowohl ein einzelner, der lacht, als auch eine kollektive Äußerung des Publikums. Ich weiß nicht, ob lachen wirklich befreit. Keinesfalls ist es jedenfalls etwas Edles.

(Ich habe mir als jahrzehntelanger Gast in Aufführungen aller Art eine private Technik des Messens von Wirkungen eranalysiert. Ich weiß, wovon ich rede, wenn ich komische Wirkungen beziehungsweise Erschütterungen im Publikum diagnostiziere. Und ersteres spielt auch in das Gebiet der Witze hinein. Auch ein Witz ist: Inhalt und Form; und er braucht auch als dritte Kraft den oder die Konsumenten. Ganz selten lacht man, wenn man lesend allein ist.

Da wäre noch viel zu tun. Aber von wem?)

21

Nachträge unterwegs

Graf Bobby sieht zwei Dienstmänner, die mit großer Mühe eine Penduhr transportieren.
Er deutet auf seine Armbanduhr und sagt: „So was müssen Sie sich anschaffen, meine Herren!"

*

„Sie, neulich war ich bei den ‚Tristan' in der Oper."
„No, und wie is es?"
„Ma lacht. Sie kennen auch gehn."
Einige Wochen später:
„Sie, ich war auch bei den ‚Tristan'. Gar a so gelacht hab ich gar nicht. Nur im zweiten Akt, wie der Alte kommt und die zwei aufstöbert, da bin ich herausgeplatzt."

*

„Wie hat's Ihnen gefallen bei ‚Tristan und Isolde'?"
„Nicht schlecht. Nur der Schluß is a bissel überstürzt."

*

Es soll eine wahre Geschichte sein. Es wurde ein geflügeltes Wort.
Irgendeine sehr weihevolle Oper. Plötzlich eine Generalpause, und aus der ersten Reihe hört man deutlich:
„Und auf dieser Weise is der arme Sami um seinen ganzen Vermögen gekommen."

Und zum Abschied von Wagner der Ausspruch eines Opernbesuchers:

Einer sitzt in der Oper und fragt gegen Ende des ersten Akts seinen Nachbarn: „Sagen Sie bitte, wann kommt endlich der Schwan?"

„Wieso Schwan? Das ist doch ‚Carmen‘."

„‚Carmen‘? Das is ‚Carmen‘? Da kenn ich doch jeden Ton."

*

Das diplomatische Corps war im Buckingham Palace eingeladen, sehr feierlich, sehr königlich, höchst zeremoniell.

Ihrer Majestät, der Königin, entfuhr ein nicht salonfähiger Laut. Der französische Botschafter sagte: „Pardon!"

Einige Minuten später wiederholte sich das peinliche Ereignis. Der amerikanische Botschafter sagte: „Excuse me."

Als es sich noch einmal wiederholte, sprang der deutsche Botschafter, Herr von Ribbentrop auf, schlug die Hacken zusammen und rief: „Diesen Furz Ihrer Majestät übernehme ich im Namen der Reichsregierung!"

*

Und da wir schon dabei sind:

Einer steht in einem Pissoir. Er muß niesen. Dabei fällt ihm der Zwicker hinunter. Er bückt sich, um den Zwicker aufzuheben. Dabei passiert ihm das, was eben auch der Königin von England passiert ist.

Neben ihm steht staunend und kopfschüttelnd ein anderer und fragt: „Und mit die Ohren können Sie gar nix?"

22

Formale Dramaturgie

Wie man die Witze — was ich hier zu versuchen versucht habe — nach inhaltlichen Kriterien gruppieren kann, gibt es auch einen gleichsam vertikalen Gesichtspunkt.

Ganz kurz, wie das Blackout im Kabarett.

Zum Beispiel:

Der kleine Moritz ist unfrisiert.

Der Lehrer fragt: „Moritz, warum bist du nicht gekämmt?"

„Herr Lehrer, ich bin doch eh da."

*

Der kleine Moritz kommt zu spät in die Schule.

„Herr Lehrer, draußen is so ein Glatteis. Wenn man zwei Schritt nach vor geht, rutscht man drei Schritt zurück."

„Und wie bist du dann hergekommen?"

„Ich hab mich umgedreht."

*

Oder die etwas längeren Witze, dem Sketch im Kabarett vergleichbar.

Moritz kommt viel zu spät in die Schule.

„Was is mit dir, Moritz?"

„Draußen war so ein Auflauf. Sie haben einen Gulden gesucht, der jemandem heruntergefallen ist."

„Und deshalb kommst du so spät?"
„Wer, glauben Sie, ist auf dem Gulden draufgestanden?"

*

Zu der erstgenannten Gattung gehören auch die No-na-Witze, eine relativ junge Gattung.
Ein Patient bekommt ein Nährklistier und fährt zusammen.
„Zu heiß?"
„No na, zu süß!"

Die No-na-Witze dementieren einen denkbaren, aber absurden Zusammenhang.

Jemand kommt mit einem Glas, worin sich eine gelbliche Flüssigkeit befindet, in ein medizinisches Laboratorium.

„Harnanalyse?"

„No na, Bruderschaft."

*

Einer geht zum Doktor, weil er verstopft ist.

Der Doktor verschreibt ihm Zäpfchen.

Zwei Tage später: Die Zäpfchen haben nicht gewirkt.

Der Doktor verschreibt stärkere Zäpfchen.

Zwei Tage später: Die Zäpfchen haben nicht gewirkt.

Der Doktor verschreibt die denkbar stärksten Zäpfchen.

Zwei Tage später: Wieder nichts.

Der Doktor, außer sich: „Ja, haben Sie denn die Zäpfchen in den Mund gesteckt?"

Der Patient: „No na, in Hintern wer' ich sie stecken!"

*

„Hab'n Sie schon gehört? Edison ist gestorben."

„No und?"

„Edison! Was die Glühlampe erfunden hat!"

„No und?"

„Stellen Sie sich vor, früher hat man müssen Petroleum brennen, es hat gestunken, dann waren die Schwierigkeiten mit die Dochte, da is gekommen Edison, der hat gebracht die Glühlampen — und der is jetzt gestorben."

„No, wer' ma wieder Petroleum brennen."

Das war fast schon ein Grenzfall zwischen Sketch und Einakter.

Einakter gibt es verschieden lange. Wer einen Einakter-Witz erzählen will, muß sich vorher konzentrieren und darf auf keinen Fall hasten, hudeln, sich beeilen. Jeder Witz muß im Vortrag die Eigenschaft an sich haben, die ich „behäbig" nennen möchte. Der exakte Wortlaut der Pointe muß vor dem geistigen Auge da sein, ehe die Erzählung beginnt:

Der Onkel liegt im Sterben. Im Nebenzimmer sitzen Angehörige. Von Zeit zu Zeit steht einer auf, schaut durchs Schlüsselloch und kommt kopfschüttelnd zurück.

Nach langer Zeit sagt einer, der vom Schlüsselloch kommt, mit umflorter Stimme: „Unser lieber Onkel, Gott hab ihn selig, jetz is er gestorben."

„Woran hast du das gemerkt?"

„Die Krankenschwester ißt das Kompott."

*

Der Großvater liegt im Sterben, aber er kann noch klar denken, seine Stimme ist noch deutlich hörbar.

„Sara, mei Weib, bist du da?"

„Ja, Sami."

„Moritz, mei Sohn, bist du da?"

„Ja, Tate."

„Esther, mei Schwiegertochter, bist du da?"

„Ja, Tate."

„Isaak, mei jüngerer Sohn, bist du da?"

„Ja, Tate."

„Rebekka, mei Töchterl, bist du da?"

„Ja, Tate."

„David, mei Enkelsohn, bist du da?"

„Ja, Großvater."

„Lea, mei Enkerl, bist du da?"

„Ja, Großvaterl."

„Was?! Alle seids ihr da? *Und wer is im Geschäft?!*"

*

Ein ganz billiges jüdisches Restaurant, sehr laut, sehr betriebsam.

Ein Gast ruft einen Kellner herbei. „Sie, Herr Ober, der Salat is viel zuwenig sauer!"

„Das is doch ka Salat, Herr Popper, das sennen doch Mohnnüdelach."

„Ah so! Für Mohnnüdelach is es sauer genug."

*

Es gibt kürzere und längere Einakter. „Cavalleria rusticana" füllt einen halben Abend. „Salome" einen ganzen. Der folgende Witz, gut wiedergegeben, reicht an „Salome" heran. (Übrigens jüdelt die Salome in der deutschen Übersetzung von Frau Lachmann auch ein wenig: „Kann sein, daß ich dir zulächle.")

Ein Jud kommt in Lemberg an und erzählt seinen Freunden: „Geregnet hat's. Kalt war's. Ich geh und geh. Und hab's noch sehr weit gehabt bis Lemberg. Kommt sich gefahren in seiner Kutsche so eppes a Aristokrat, die Kutsche bleibt stehn, weil ich hab gewinkt mit der Hand, und ich bitt ihm, daß er mich mitnimmt auf Lemberg. Sagt er: ‚Einen schmutzigen Juden soll ich mitnehmen?' — Ich bitt und bitt, und zum Schluß sagt er: ‚Von mir aus, aber unter einer Bedingung: Wenn du mich unterhaltst, bis wir sennen in Lemberg. Sonst mußt du heraus ausn Wagen.'

Ich steig ein und fang an zu erzählen:

‚Da war's kalt, viel kälter wie heit. Is sich gestanden auf'm Eis von a Teich a Eisvogel und hat gesehn

90

untern Eis a Fisch. Is er gefahren mit'n Schnabel, weil er wollt fangen den Fisch, aufs Eis, aber der Schnabel is stecken geblieben, und das Eis rundherum um ihn is gefroren. Oiweh! hat sich gedacht der Eisvogel, hat sich gegeben an großen Ruck, der Schnabel is heraus aus'n Eis, aber von dem Ruck is hinten sein Schwanz gefahren ins Eis und is dort festgefroren. Oiweh! hat sich gedacht der Eisvogel, hat sich gegeben an großen Ruck, der Schwanz is heraus aus'n Eis, aber von dem Ruck is vorn der Schnabel gefahren ins Eis und is dort festgefroren. Oiweh! hat sich gedacht der Eisvogel, hat sich gegeben an großen Ruck, der Schnabel is heraus aus'n Eis, aber von dem Ruck is hinten der Schwanz gefahren ins Eis und is dort festgefroren. Oiweh! hat sich gedacht der Eisvogel, hat sich gegeben an großen Ruck . . .' "

„Und das hast du ihm erzählt die lange Strecke bis Lemberg?"

„Was wollt's ihr? A Goi!"

Dies ist eine Ballade von hohem Rang, für mich der „Bürgschaft" und „Des Sängers Fluch" ebenbürtig. Allerdings sehr hybrid. Aber die „Gojim" haben sehr gelacht. Ich erinnere mich daran, daß ich diesen Witz um 1930 bei einem bunten Abend in der Wiener Hofburg zum ersten Mal gehört habe. Zeiten waren das!

*

In ein Türkisches Bad kommt ein Ehepaar.
„Bitte eine Kabine für meine Frau und mich."
Der Kassier lacht.
„Was gibt's da zu lachen? Eine Kabine für meine Frau und mich."
„Die Frau Gemahlin ist sehr reinlich. Die badet heute schon zum dritten Mal."

23

Ein Männerbund

Vielleicht — aber wahrscheinlich nicht — ist es einer Leserin oder einem Leser bei der Nennung weiblicher Vornamen („Wer is im Geschäft?") aufgefallen, wie wenig weibliche Wesen bisher in unserem Zusammenhang eine Rolle gespielt haben. Es gibt, und auch das nur selten, im jüdischen Witz die negativ besetzte Ehefrau, und die ist ein internationaler Typus weit über den jüdischen Witz hinaus.

Karl Farkas hat in einer Conférence einmal gesagt: „Ich schenk meiner Frau zum Geburtstag Ohrringe." — „Aus was für einem Material?" — „Die Ohrringe kriegt sie erst nächstes Jahr. Heuer laß ich sie stechen."

Das allgemeine Kunstverbot (du sollst dir kein Bildnis machen) spielt da eine gewichtige Rolle. Es gibt im Alten Testament Heldinnen, Esther, Ruth, es gibt Frauen, um die die Stammväter dienen mußten, und es gibt im ganzen orthodoxen Judentum ein einziges Liebesgedicht: das Hohelied. Ich erinnere mich aus sehr fernen Zeiten an ein Lied, das in der Synagoge gesungen wurde. Diese Lieder waren von geringem literarischem Wert, zum Beispiel:

Die Thora Gottes labet uns
die Seele immerdar,
bewährt und weise, grad und licht,
macht sie das Auge klar.

Des Ewgen Wort währt ewig fort,
die Furcht des Herrn ist rein,
viel köstlicher denn irdisch Gut
und süßer Honigseim.

Und es gab auch ein anderes Lied: „Komme, Freund, der Braut entgegen . . ." Und dann die Zeile: „. . . wie dem Bräutigam die Braut", aber ich habe den Verdacht, daß die Braut keine Braut war, sondern der Sabbat.

Bei der Hochzeit steht die Braut, die wirkliche Braut, vor dem Altar, und dann ist's aus.

Sie muß ihre Haare abschneiden, eine unvorteilhafte Perücke tragen und darf im orthodoxen Ritus in der Synagoge nicht bei den Männern sitzen, sondern auf der Galerie. Sie ist nur noch die „jüdische Mamme".

So war's, ich erinnere mich noch daran, bei den Orthodoxen seinerzeit. Vielleicht ist's noch heute so bei den Orthodoxen im Staat Israel. Und das ist auch eine Farbe in meinem Kaleidoskop.

Aber gleich muß ich anfügen, daß es ja „die Juden" nie gegeben hat, ebensowenig wie „die Deutschen". Sicherlich sind auch nicht alle Schotten sparsam und nicht alle Italiener sangesfroh.

Und gewiß sind auch nicht alle „Juden" von derartiger Überheblichkeit den anderen gegenüber, wie es hier scheinen mag.

Inbegriff der Überheblichkeit ist der Fachausdruck „Gojim naches". „Naches" sind Freuden, „sich benachezen" heißt „sich erfreuen, gütlich tun". „Gojim naches" sind Festzüge, Paraden, Liedertafeln, Fackelzüge, im Englischen gibt es das Wort „pomp and circumstance", ich nenne es gern lateinisch „deliciae barbarorum". Andererseits aber tendierten „die Juden" zur Flucht aus ihrer Tradition. Und auch das war ein beliebtes Thema ihrer Witzigkeit: die Namensänderung, die Taufe.

Der kleine Moritz hatte die erste evangelische Religionsstunde. Der Vater fragte ihn: „Hast du schon viel gelernt? Weißt du schon: Wie heißen die vier Evangelisten?" — „Aber, Tate, wir sind doch nur drei: der Taussig, der Rosenzweig und ich." Leider ist nicht überliefert, wie der kleine Moritz mit dem Familiennamen geheißen hat.

*

„Schau, dort geht der Maurice Lafontaine."
„Ich hab ihn noch gekannt, wie er Moritz Wasserstrahl geheißen hat."
„Und ich hab ihn noch gekannt, wie er Moische Pisch geheißen hat."

*

Es gab wirklich grauenhafte jüdische Familiennamen. Ich habe einen Herrn kennengelernt, dessen Name „Aftergut" war.

*

„Religion?" fragte der Richter streng.
„Katholisch!" sagte Herr Veilchenfeld selbstbewußt.
„Und vorher?"
„Evangelisch."
„Und vorher?"
„Allerdings."

Herr Feingold wollte seinen Namen ändern lassen.
„Wie wollen Sie denn heißen?"
„Wallenstein."
„Das wird nicht gehen, so heißt ein altes Adelsge-
schlecht. Aber ich mach Ihnen einen Vorschlag: Nen-
nen Sie sich Friedländer."

*

Übrigens: Daß der Herr Kohn den Herrn Blau trifft,
daß die beiden zu stehenden Figuren geworden sind,
ist eine Entwicklung neueren Datums. Zur Zeit des
Kaisers Franz Joseph und der Ersten Republik war dem
noch nicht so.

24

A.E.I.O.U.

Schon die ganze Zeit rumort es in mir: Ich möchte ein österreichisches Kapitel schreiben, auf die Gefahr hin, daß dabei nicht viel herauskommt. Um einer Anekdote und eines Witzes willen.

*

Als es 1848 auch in Österreich revolutionär kriselte, dankte Kaiser Ferdinand ab. Man nannte ihn den „Gütigen". Er war vermutlich geistig ein wenig minderbemittelt. Man erzählt von ihm, daß der Südbahn-Tunnel bei Gumpoldskirchen, ohne erforderlich zu sein, gebaut werden mußte, weil der Kaiser sich ohne Tunnel geweigert hätte, die Linie zu eröffnen.

Als dann die Linie bis zum Semmering verlängert wurde, sah der Kaiser, daß in Gloggnitz eine Lokomotive an das Ende des Zuges geschoben wurde. Er fragte nach dem Grund und erfuhr, daß die Lokomotive bis zur Paßhöhe mitfahre und dort abgekoppelt werde. Bis dahin müßten beide Lokomotiven den Zug über die Steigung bringen.

Der Kaiser dachte lange nach und sagte dann: „Aber da müssen ja schon Hunderte Lokomotiven oben stehen."

Das hätte auch der Graf Bobby sagen können.

Nicht aber den folgenden Ausspruch:
Nach seinem Thronverzicht lebte der Exkaiser geruhig und friedlich in dem Städtchen Kremsier. Er verfolgte von dort aus das politische Geschehen. Als er nach fast zwei Jahrzehnten von der österreichischen Katastrophe bei Königgrätz erfuhr, sagte er nachdenklich: „No, *das* hätt ich auch z'sammbracht."

*

Bei einem Manöver sprengte ein österreichischer Erzherzog zu Pferd einher und fragte einen einfachen Soldaten: „Hat Er seine kaiserliche Hoheit, den Herrn Erzherzog Leopold, gesehn?"
Der Soldat: „Grad is der Herr Onkel vorbeigeritten."
Der Erzherzog (indigniert wegen dieser Taktlosigkeit): „Ist Er besoffen?"
Der Soldat: „Das hab ich in der G'schwindigkeit nicht g'sehn."

*

Kaiser Franz Joseph war gestorben.
In Wien sagte man: Der Kaiser ist gestorben. Aber man traut sich nicht, es ihm zu sagen; er könnt erschrecken.

*

In einer Synagoge, weit im Osten der Monarchie, fand ein Trauergottesdienst statt, als der Kaiser gestorben war.
Der Rabbiner hielt die Trauerrede. „Andächtige Trauergemeinde, während wir hier in unserem Schmerz versammelt sind, ist im Wiener Stephansdom auch eine Trauergemeinde versammelt, die Kaiserliche Familie, die Erzherzoge und die Erzherzoginnen, die

Spitzen der Geistlichkeit, die Angehörigen des Hoch-
adels, die hohe Generalität, und ihnen allen entringt
sich der Schmerzensschrei ,Uwerochumin adonai!' "

*

Von der ersten Nachkriegszeit ist ein ungarischer
Witz sehr wichtig.
Was die Siegermächte der ungarischen Hälfte von
Österreich-Ungarn angetan haben, gehört zum Ärg-
sten, das in der Neuzeit Sieger sich geleistet haben.
Ungarn mußte große Stücke Landes an Rumänien, an
die Tschechoslowakei, an Jugoslawien, sogar an
Österreich abtreten.
„Was machst du am Sonntag?" fragte einer seinen
Freund.
„Ich setz mich aufs Fahrrad und fahr die neuen Gren-
zen Ungarns entlang."
„Und was machst du am Nachmittag?"

*

Doktor Michael Hainisch mußte zum zweiten Mal
österreichischer Bundespräsident werden, weil sich
kein vollbärtiger Ersatz für ihn gefunden hat.

*

Der nächste Witz — es ist der, um dessentwillen ich
dieses Kapitel schreiben will:
Mussolini, Hitler und Dollfuß eröffnen miteinander
eine Photowerkstätte. Mussolini entwickelt — Hitler
kopiert — Dollfuß vergrößert die Negative.

*

Es gab sehr viele Dollfuß-Witze, aber sie taugen alle
nicht viel, denn sie variierten vor allem das Thema der

körperlichen Kleinheit des Kanzlers. Wohlgelungen scheint mir nur der Spitzname „Millimeternich".

＊

Als in Österreich die Parteien aufgelöst und der Ständestaat ausgerufen war, kam ein Funktionär der einzigen politischen Gruppierung, die ganz Österreich umfaßte, der „Vaterländischen Front", in eine Gemeinde und erkundigte sich nach der politischen Situation.
„Ungefähr fünfzig Prozent rot und fünfzig Prozent braun."
„Und die Vaterländische Front?"
„In der Vaterländischen Front sind sie alle."

＊

Auch die NSDAP war verboten. Und Wiens populärer sozialdemokratischer Bürgermeister Seitz war eingesperrt.
„Was war i früher?" meditierte einer beim Heurigen, „der k. u. k. Hofzuckerbäckermeister Demel. Und was bin i jetzt? A Nazi."
„Nicht so laut! Die sperren dich ja ein!"
„Solln s' mich nur einsperren, komm ich wenigstens zu unserem guten Bürgermeister Seitz!"

25

Vorsintflutliches

Einst gab es Witzblätter. Der Name ist so antiquiert wie die Institution.

Es gab in München die „Fliegenden Blätter", die „Meggendorfer Blätter", in Berlin die „Lustigen Blätter", in Wien die „Muskete". Sie schienen einen Bedarf gedeckt zu haben, sonst hätten sie sich nicht so lange gehalten.

In München leitete sich eine Tradition von den „Münchener Bilderbogen" her, und die große Galionsfigur war das dreifache Dichter-Maler-Zeichner-Genie Wilhelm Busch.

Eine Treppe höher die „Jugend" – ein früher Vorläufer der Magazin-Zeitschrift mit einigem Niveau. Noch eine Treppe höher der „Simplicissimus", aggressiv, oppositionell, ernst zu nehmen, mit exzellenten Mitarbeitern sowohl textlich als auch graphisch.

Als allerdings der Erste Weltkrieg ausbrach, waren sie sofort patriotisch. Dann waren sie wieder republikanisch. Und als der Hitler ausbrach, war im Simplicissimus ein freches satirisches Gedicht zu lesen: Sehnsucht nach dem Kaiser Wilhelm II., weil der weniger arg gewesen war. Die nächste Nummer war bereits gleichgeschaltet, ihr Titelblatt war rein nationalsozialistisch.

Die Illustratoren des Simplicissimus waren große Männer; Karl Arnold, Th. Th. Heine, Olaf Gulbransson. Dieser hatte dann 1933 übergangslos das erste nationale Titelbild gezeichnet.

Jahrzehnte später. In der Wiener Secession war eine Ausstellung zu Ehren des Simplicissimus. Ich war gebeten worden, eine Art Festrede zu halten. Ich wollte auch meinen Gulbransson-Schock von 1933 darstellen. Da wurde ich einer alten Dame vorgestellt mit einem sehr skandinavischen Namen, Dagny oder Solveig, der Witwe Gulbranssons.

Sachen gibt's!

In den zwanziger Jahren existierte in Wien kurzfristig ein neuartigeres „Witz-Blatt", äußerlich einer Zeitung gleichend, der „Götz von Berlichingen". In den Wiener Montagszeitungen gab es letzte Seiten mit satirischen Zeichnungen und Witzen.

Und dann gab's die Cartoons. Ich weiß nicht, ob sie von Anfang an diesen Namen hatten. Ich erinnere mich an einen, der, glaube ich, der erste war. Seine Gestalt hieß „Adamson", er war ein Skandinavier und dürfte in den zwanziger Jahren das Licht der Buchhandlungen erblickt haben.

Neu an ihm war, daß er nicht aus der Zeitung kam. Heute sind die Cartoons eine hochentwickelte, erlauchte Kunstform, und auch die Karikatur hat sich hoch hinauf entwickelt. Ihr Meister um 1930, B. F. Dolbin, ein Mitteleuropäer, dann US-Emigrant, ist leider nicht gebührend unsterblich.

Die Witzblätter damals waren grauenhaft.

Um 1930 spielte man in Berlin eine Kabarett-Szene: Die Witzblatt-Redaktion. Einige Herren, die schallend lachen. Das sind die Redakteure. Ein tieftrauriger Herr tritt auf. Das ist der Leser.

In den Witzblättern gab es festgefahrene, versteinerte Gattungen: Kindermund, Im Bilde geblieben, Fein abgetrumpft . . .

Ich erinnere mich an einen einzigen Witzblatt-Witz:
„Herr Ober, in diesem Kuchen ist zu viel Saffian."
„Sie meinen Safran. Saffian ist ein Leder."
„Nein, nein, ich meine Saffian."

*

Die einzige Wochenschrift etwa im Stil des Simplicis-
simus ist der über hundert Jahre alte „Nebelspalter",
Erscheinungsort Rorschach, inhaltlich stark an die
Schweiz gebunden, mit hervorragenden graphischen
Mitarbeitern.

Vielleicht wird unsere Zeit von späteren Betrachtern als große Zeit der Satire erkannt werden. Das Kabarett ist ein Kind unseres Jahrhunderts, die Parodie blüht, und die Cartoons bieten eine schier unbegreifliche Fülle von Köstlichkeiten, nicht nur angelsächsischer Provenienz.

Aber ich bin von meinem Hauptthema weggerutscht. Zurück zu dem Freund, der wieder einmal seinen schreibenden Freund besucht. Er ist sichtlich gealtert, hält sich sehr gebückt, schreibt aber unverdrossen weiter. Nein, er verrät noch immer nicht, was sein Buch enthalten wird; aber er zweifelt immer intensiver daran, daß es je beendet werden kann.

26

Artisten und Tiere

Zu einem Agenten kommt ein Artist mit zwei großen Koffern. In dem einen Koffer ist ein großer, schwerer Stein, der in die Mitte der Manege gelegt wird.
„Ich springe kopfüber von der Kuppel auf diesen Stein."
„Sind Sie versichert?"
„Ja."
Der Artist klettert in die Höhe, springt, kommt auf dem Stein an und steht auf, ohne daß man ihm etwas anmerkt.
„Großartig!" sagt der Agent, „Sie werden tolle Engagements von mir bekommen. Mich würde nur interessieren: Was ist in dem andern großen Koffer?"
„Kopfwehpulver."

*

Ein Seiltänzer spannt ein Seil vom Turm des Münsters zum Rathausturm.
Er steigt hinauf und beginnt – ohne Netz – langsam vorwärts zu gehen, in der rechten Hand seinen Geigenkasten, in der linken Hand ein Notenpult.
Als er in der Mitte angelangt ist, holt er die Geige aus dem Kasten, hängt den Kasten an einen Haken, der an seinem Rücken baumelt, fixiert das Notenpult an einer Vorrichtung auf dem Seil, holt aus seiner Tasche No-

ten, die er auf dem Notenpult placiert, und beginnt eine Romanze von Beethoven zu spielen.

Ein Jude steht unten, hört hin, schaut hin und sagt abschätzig: „Menuhin is er keiner!"

*

Ein Artist kommt zu einem Agenten. Er placiert ein kleines tragbares Klavier, setzt einen Hund an das Klavier und einen Vogel auf das Klavier.

Der Vogel singt „O sole mio", der Hund begleitet ihn auf dem Klavier.

„Großartig!" sagt der Agent, „machen wir sofort Vertrag."

„Vorher muß ich Ihnen nur gestehen: Es ist ein kleiner Schwindel dabei. Der Hund spielt gar nicht wirklich, es ist ein mechanisches Klavier."

*

Zwei Tauben haben auf dem Dach der Karlskirche Rendezvous.

Die eine wartet und wartet, die andere kommt und kommt nicht, obwohl sie sonst immer pünktlich ist.

Endlich kommt sie, ganz außer Atem. „Sei nicht bös, bitte, aber der Abend war so schön, da hab ich nicht anders können — ich bin zu Fuß gegangen."

*

Einer fürchtet sich vor einem Hund, der ihn wütend anbellt.

„Fürcht dich nicht. Du weißt doch: Hunde, die bellen, beißen nicht."

„Ja, ich weiß. Aber weiß der Hund?"

„Was kostet dieser Bernhardiner?" – „Viertausend."
„Und dieser Schäferhund?" – „Fünftausend."
„Und dieser Schnauzer?" – „Sechstausend."
„Und dieser Terrier?" – „Siebentausend."
„Und dieser Spitz?" – „Siebentausendfünfhundert."
„Und dieser Zwergpudel?" – „Neuntausend."
„Sagen Sie, was kostet bei Ihnen gar kein Hund?"

*

Ein Elefant trinkt Wasser im Nil.
Ein Krokodil kommt und beißt ihm die Spitze des Rüssels ab.
Der Elefant: „Wo is da der Witz?"

*

In einer Glaskugel im Wohnzimmer schwimmen zwei Goldfische.
Sagt ein Goldfisch zum andern Goldfisch: „Und was machen wir am Sonntag nachmittag?"

*

Im zoologischen Garten. Ein Affe und eine Äffin treiben ein eindeutiges Liebesspiel.
Das Kinderfräulein kommt mit den Kindern vorbei.
„Schaut, Kinder, wie nett die Affen spielen!"
Der kleine Bruder zur größeren Schwester: „Sollen wir sie aufklären oder lass' ma s' teppert sterben?"
Ein englischer Gentleman steht vor dem Affenkäfig und ist über die gleiche Situation schockiert.
„Stop them!" Der Wärter zuckt die Achseln.
Der Engländer: „Give them a candy!"
Der Wärter: „Would you stop for a candy?"

Zwei Flöhe haben einen angenehmen Nachmittag in der Stadt verbracht. Das Wetter ist sehr schön. Als es dämmert, fragt ein Floh den andern: „Gehn wir zu Fuß oder nehmen wir uns einen Hund?"

*

Australien. Ein leeres Land. Weide, wohin man schaut. Der Hirt und seine Herde, sonst niemand, sonst nichts. Es dunkelt. Er treibt die Herde zurück in das Gehege. Er zählt die Schafe: „One, two, three, four, five — oh, darling, that's you — six, seven . . ."

27

Zwischen Hals und Scheitel

In dem Kapitel „Soundsovielte Abschweifung" ist von
„zwei Phänomenen" die Rede, und in der nächsten
Zeile heißt es gleich „Zweitens". Das ist keine Nach-
lässig- oder Gedankenlosigkeit, sondern relativ wohl
überlegt. Denn da gibt es erstens ein Phänomen, das
mich seit langem bedrängt und das mich bei der Arbeit an diesem Buch ganz übermäßig und übermächtig
beschäftigt. Es ist ein schönes Phänomen, es ist ein
gutes Phänomen, es macht mich stolz und selbstbewußt, nicht weil ich ich bin, sondern weil ich ein
Mensch bin.
Und was immer ich über Computer lese, höre, fern-
sehe oder radiohöre, läßt mich kurz und schrill aufla-
chen; denn was sich zwischen meinem Hals und meinem Scheitel begibt, ist tausendmal größer als die
ichweißnichtwievielte Computer-Generation! In den
Computer muß man etwas hineingeben. Ich hab's
schon drin. Computer können Trivial-Romane schreiben und vermutlich auch lyrische Gedichte verfassen.
Aber nicht den „Zauberberg" und nicht das „Abend-
lied" von Claudius.
Ich habe ein Leben lang Witze gehört und einen
Bruchteil davon bei mir behalten. Nun lüften sich die
Schleier, aber nicht auf einmal. Während zwei in dieses
Buch gekommen sind, die ich gut gekannt habe, auf
Grund irgendeiner geheimnisvollen Verbindung, hat

sich ihnen ein dritter gesellt, der vergessen war. Manchmal ist mir der Freund eingefallen, der ihn mir im Gymnasium erzählt hat, manchmal die Zeitung oder Zeitschrift, wo ich ihn gelesen habe.

Etwa die Hälfte hatte ich parat, die andern sind inzwischen dazugewachsen. Aus der Tiefe meines Bewußtseins dazugewachsen. Und nur zwei wurden mir vor kurzem, während dieses Buch bereits entstand, erzählt: der mit dem Arzt und der Langspielplatte und der mit dem zeitungslesenden Eisenbahnfahrgast (der kommt noch).

In mir waltet eine gute, gesunde, schöpferische Hybris. Daß es eine europäische Hybris ist, mag mit meinem höchst persönlichen Weltbild zusammenhängen. Wie sagt doch der englische Geist in René Clairs Film „The ghost goes west": „I don't like America."

Aber das is noch gar nix. Daß alles das und noch etliches zwischen Hals und Scheitel — wo eigentlich, und wie sieht es dort aus? — vorhanden war, ist und bleibt, wäre schon Gottesbeweis genug.

Aber: Ich habe vor Jahrzehnten ein Buch gelesen oder ein Musikstück gehört oder ein Bild gesehen. Versunken und vergessen, ja, aber wohin versunken? Es gibt mehr Dinge zwischen Hals und Scheitel, als sich eure Datenverarbeitungsweisheit träumen läßt!

Ich höre das Streichquartett von Ravel, ich habe es seit vierzig Jahren nicht gehört, und ich erkenne es wieder. Ich bekomme mein Lesebuch aus der Volksschule in die Hand und erinnere mich.

Dieses müßte man eigentlich schreiben. Aber ich möchte zuerst versuchen, mit dem Vorliegenden zu Ende zu kommen. Und ich weiß keinen besseren Übergang als einen meiner Lieblingswitze:

Einer lernt im Himmel beim Spazierengehen einen sehr sympathischen Herrn kennen, sie unterhalten sich und machen sich schließlich miteinander bekannt.

„Paulus", sagt der Herr.

„Am End' gar der Apostel Paulus?"

Der Apostel nickt.

„Sie, das is gut, daß ich Sie kennenlern! Was ich Sie schon immer fragen wollt: Haben Ihnen eigentlich die Korinther je auf Ihre Briefe geantwortet?"

*

Und vom Himmel in die österreichischen zwanziger Jahre:

Zwei Juden sitzen in einem Eisenbahnabteil und sind ins Gespräch gekommen. Nach einiger Zeit machen sie sich miteinander bekannt: „Löwy." – „Wassermann."

„Der Schriftsteller Wassermann?" – Wassermann bejaht. – „Sie, das is gut, daß ich Sie kennenlern! Wir beide sind ungefähr in denselben Wiener Kreisen zuhause. Bei allen Ihren Büchern hab ich sofort die Originale erkannt. Die Renate Fuchs is mit meiner Frau in die Schule gegangen, Laudin und die Seinen sind unsere Bridge-Partner, Christian Wahnschaffe is mein Geschäftsfreund ... aber, sagen Sie mir, ich bitt Sie, wer is Christoph Columbus?"

*

Wieder ein Eisenbahnabteil. Ein Reisender sitzt friedlich in seiner Ecke, da kommt ein Vater mit einigen Kindern herein. Die Kinder erweisen sich als namenlos lästig, lärmen und toben.

Nach einiger Zeit sagt der Reisende zu dem Vater:

„Sie, wenn Ihre Kinder nicht augenblicklich ruhig sind, werde ich Ihnen unangenehm werden."

Da sagt der Vater zu dem Reisenden: „Mein lieber Herr! Wir kommen aus Lemberg. Mein Haus is abgebrannt, wir ham die Versicherungsrate einen Tag zu spät eingezahlt, meine Frau hat vor Schreck der Schlag getroffen, mit meinem letzten Geld hab ich Karten für die Auswanderung nach Amerika gekauft, diese Karten ham die Kinder grad zerrissen und zum Fenster hinausgeworfen, wir sitzen im falschen Zug — und *Sie* wollen mir unangenehm werden?"

✻

Und wieder ein Eisenbahnabteil. Ein Reisender, eher jung, ein zweiter, dessen Gesicht von einer Zeitung verdeckt wird.

Der erste: „Können Sie mir, bitte, sagen, wie spät es ist?"

Keine Antwort.

Der erste: „Können Sie mir, bitte, sagen, wie spät es ist?"

Keine Antwort.

Der erste: „Darf ich Sie fragen, warum Sie meine Frage nicht beantworten?"

Der zweite: „Dos kann ich Ihnen sagen: Wenn ich Ihnen hätt geantwortet, wär'n wir gekommen ins Gespräch, wir hätten geschlossen Freundschaft. Sie fahr'n nach Lemberg, ich fahr nach Lemberg, Sie hätten mich besucht in Lemberg, ich hab a hibsche Tochter, Sie hätten sich verliebt in mei Tochter, sie hätt sich verliebt in Ihnen, ihr hättet's wollen heiraten. — Glauben Sie, ich gib mei Tochter ein' Burschen, der nicht amal besitzt a Armbanduhr?"

Noch immer Eisenbahn. Aber diesmal Schlafwagen.
Ein Jude. Ein Nichtjude.
Der Jude: „Wenn ich mir a Bitte erlauben dürft . . . mei
Frau hat so schlampig eingepackt für mich . . . könnten
Sie mir borgen a Stück Seife?"
Er bekommt ein Stück Seife.
Der Jude: „Und Zahnpasta, seh ich grad, hat sie auch
vergessen."
Er bekommt Zahnpasta.
Der Jude: „Und vielleicht auch gleich a bisserl a
Mundwasser."
Er bekommt es.
Der Jude: „Sie hat mir, nebbich, auch ka Zahnbürstel
mitgegeben. Möchten Sie sein so gütig und mir bor-
gen auf ein' Moment Ihre Zahnbürste?"
Der Nichtjude: „*Nein!*"
Der Jude: „Sie borgen mir nix Ihre Zahnbürste? Wis-
sen Sie, was Sie sind? A Antisemit."

*

Ein Logierbesuch.
Der Hausherr bemerkt, daß der Besucher seine Zahnbürste benützt. Er fragt: „Benützen Sie mein Zahnbürstel?" — Der Gast: „Ah was, mir graust schon vor gar
nix mehr."

28

Alltäglichkeiten

Ein Schadchen (Heiratsvermittler, das hab ich im Lexikon vergessen) bietet einem jungen Mann eine Braut an. Die beiden jungen Leute lernen einander kennen, aber der junge Mann besteht darauf, mit ihr eine Nacht zu verbringen, ehe er sich entscheidet.
Dies geschieht. Der Schadchen fragt am nächsten Tag: „No?"
Der junge Mann will diese Braut nicht.
„Warum, ich bitt Sie?"
„Die Nos g'fallt ma nicht."

*

Ein furchtbares Unglück in den Alpen. Vier Todesopfer: Friedrich Winkelbauer, Eberhart Löffler, Hans Peter Dietrich und Moritz Teitelbaum.
„Recht g'schieht ihm", sagt Herr Merores, der es in der Zeitung liest. „Was steigt er auf die Berg? A Jud gehört ins Kaffeehaus."

*

Ein jüdisches Restaurant.
Der Gast: „Also geben S' ma das Zweiermenü, aber statt Suppe a zweite Semmel und statt Spinat Karotten und statt Linzertorte Apfelkompott."
Der Kellner: „Gut, Herr Biach, aber wenn Sie jetzt noch wollen statt'n Salat telephonieren, fliegen Sie hinaus!"

Zwei Juden sind in einer Ausstellung moderner Kunst. Vor einem Bild bleiben sie stehen.

„Das is a Portrait."

„Nein, das is a Landschaft."

Sie streiten und streiten. Dann beschließen sie, den Katalog zu kaufen und nachzuschauen.

„Jetzt wissen wir's erst nicht."

„Wieso?"

„Da steht ‚Rosenfeld'."

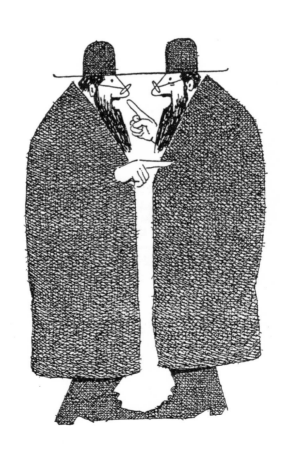

Der Kohn kommt mit einem ganz kleinen Paket aus einem Wäschegeschäft.

Der Blau: „Was haben Sie sich gekauft?"

„A Pyjama."

„In a so ein' kleinen Paket?"

„Haben Sie eine Ahnung, wie klein ich zuhaus bin?"

*

„Meine Frau und ich, wir streiten nie. Die kleinen Entscheidungen trifft sie, die großen ich."

„No, zum Beispiel?"

„Die kleinen Sachen, ob wir die Wohnung ausmalen lassen, wohin wir im Sommer fahren, in welche Schulen die Kinder gehen sollen, das entscheidet sie. Die großen Entscheidungen, ob man das Porto erhöhen soll, ob man eine neue Untergrundbahn-Linie bauen soll, ob man die Militärdienstzeit verlängern soll, das überläßt sie mir."

*

Ein Ehepaar ist so zerstritten, daß die beiden kein Wort miteinander reden.

Er legt auf ihr Nachtkastel einen Zettel: „Um sieben Uhr wecken."

Am nächsten Morgen erwacht er um acht Uhr und findet auf seinem Nachtkastel einen Zettel: „Du, wach auf, es ist sieben."

29

Schlußverkauf

Beide waren sehr alt und greisenhaft, der Besucher und der Besuchte. Sie hörten nicht mehr gut und redeten zu laut wie alle Schwerhörigen.

Der alte Mann schrieb und schrieb und sagte nur: „Es ist aussichtslos, das Buch wird nie fertig werden. Mir ist, als wäre ich immer noch im Anfang."

Aber er wollte immer noch nicht sagen, was der Inhalt des Buches war.

*

Dieses mein Buch aber wird fertig werden und soll fertig werden. Überaufmerksame haben vielleicht gemerkt oder gespürt, daß die Zusammenhängigkeit ein wenig ins Schleudern geraten ist, daß der Aufbau allmählich vernachlässigt wurde.

Immer noch wachsen Witze zu, aber sie sind nicht mehr so zahlreich; die Liste dessen, was ich noch vorhabe, schmilzt langsam wie der Schnee im Frühjahr.

Mir fällt auf, daß es keine Witze über den Sport zu geben scheint und sehr wenige Witze über die Arbeitswelt.

Daß der Witz, nicht nur der jüdische, eine Männerangelegenheit ist, fast mittelalterlich in der mangelnden Frauengleichberechtigung, habe ich schon angedeutet. Eine interessante Erfahrung: Noch so liberale Männer von vorbildlicher Freizügigkeit schätzen es nicht, wenn die zu ihnen gehörigen Damen öffentlich „unanständige" Witze erzählen.

Überhaupt „unanständige Witze": Ich bin ihnen hier weitgehend ausgewichen, gottbehüte nicht aus Prüderie. Nein, aber sie haben wenig Charme, sie sind meist zu einspurig — jetzt hab ich's! Die wirklich wertbeständigen Witze sind satirisch! Sie sind kritisch, selbstkritisch, sie haben Pointen, aber diese sind mehr als nur Pointen. Sie entsprechen einem Weltbild. Wie in allen großen Komödien, wie im „Revisor" von Gogol, wie bei Molière, wie bei Nestroy, wie bei Ödön von Horváth, liegt ihnen die Erkenntnis zugrunde: Der Mensch ist schlecht. Und dem ist bei den „unanständigen" Witzen mit ihrer L'art-pour-l'art-Tendenz nicht immer so.

Hinweg also mit weiteren diesbezüglichen Exemplaren und statt dessen zwei Witze aus der Versicherungsbranche, die meine Behauptung untermauern:

Einer trifft seinen Freund. „Du warst doch in dem Eisenbahnzug mit dem gräßlichen Unfall, für den die Versicherungsgesellschaften soviel bezahlt haben?"

„Ja. Aber in unserm Waggon ist fast nichts passiert. Zum Glück hab ich rechtzeitig den geistesgegenwärtigen Einfall gehabt, meiner lieben Frau einen Tritt ins Gesicht zu geben."

*

Einer trifft seinen Freund. Dieser ist völlig eingegipst und kann sich nur auf Krücken fortbewegen. „Unter uns gesagt: Mir is gar nix passiert. Aber ein befreundeter Arzt hat mir schwere Schäden attestiert und mich in diese Verkleidung gesteckt."

„Gut und schön, aber . . ."

„Ich bekomme ungeheuer viel Geld!"

„Aber . . . jetzt mußt du doch dein Leben lang so herumgehn!"

„No, und Lourdes?"

*

Zum Abschied vom Grafen Bobby:

Er fährt nach Paris. Bei der Grenzkontrolle muß er seinen Koffer öffnen, darin sind lauter Butterbrote.

„Was soll das?" fragt der Zöllner.

„Man hat mir erzählt, in Paris bekommt man eine Frau für ein Butterbrot."

Es gibt viele Witze darüber, daß Juden am Sabbat nicht arbeiten und, zum Beispiel, nicht rauchen dürfen. Auch die Tatsache, daß sie nicht Schinken und überhaupt kein Schweinefleisch zu sich nehmen dürfen, ist ein beliebtes Sujet.

Herr Kohn kommt in eine Delikatessenhandlung, zeigt auf den Schinken und fragt: „Was kostet der Lachs?" Draußen bricht ein Gewitter los, es blitzt und donnert. „No, fragen wird ma doch noch dürfen."

*

Einer hat am Samstag Lust zu rauchen. Er geht an die Peripherie der Stadt und kommt in die Anlagen beim Arsenal. Dort darf man natürlich nicht rauchen.

Ein Posten schreit: „Zigarre weg!"

Der Rauchende denkt erstaunt: Wieso weiß der, daß ich ein Jud bin?

*

Die Rechtspflege ist mit Recht Objekt von Witzen. Mein Liebling:

Nach dem Prozeß telegraphiert der Anwalt seinem Mandanten: „Die gerechte Sache hat gesiegt." Der Mandant telegraphiert zurück: „Sofort Berufung einlegen."

*

Eine Geschichte, die mir aus Kindertagen vertraut und lieb und die vermutlich authentisch ist.

Ein Richter war unrühmlich bekannt wegen seiner Härte und seiner schroffen Manieren. Er wurde daraufhin gerügt und gelobte Besserung.

Objekt seiner nächsten Verhandlung war ein übler Gewalttäter und Messerstecher. Dieser betrat den

119

Verhandlungssaal. Der Richter rief freundlich: „Ja, wer tommerlt denn da? Was hat denn das Bubili mit dem Messili gemacht?"

*

Die Medizin ist gleichfalls ein weites Feld. Der vor kurzem erwähnte Dichter Molière ist Weltmeister der einschlägigen Satire. Er gibt es den Ärzten, wie keiner es ihnen gab, gibt und geben wird. Aber eines ist in diesem Zusammenhang hochinteressant und wirft ein erhellendes Licht auf das Nebeneinander von Erfindung und Wirklichkeit:
Molière hatte einen Arzt, mit dem er befreundet war, von dem er sich raten ließ, dem er vertraute.
In diesem Zusammenhang fällt mir rätselhafterweise ein:
Wie viele anständige Juden gibt es in Österreich? – Sieben Millionen. – Wieso? – Es gibt sieben Millionen Österreicher, und jeder Österreicher kennt einen anständigen Juden.

*

Ein Arzt sieht einen Mann, der ihm bekannt vorkommt. Er fragt ihn nach seinem Namen und erinnert sich daran, daß dieser Mann in seiner Abteilung mit einer unheilbaren Krankheit gelegen ist.
„Ich bin ganz gesund", sagt der ehemalige Patient.
„Man muß Sie falsch behandelt haben."

*

Ein berühmter Arzt sieht ein altes Manderl, das auf ihn zukommt und ihm voll Verehrung die Hand küßt. „Ihnen verdanke ich mein Leben, Herr Professor. Ich war bei Ihnen im Spital, einer nach'm andern hat mich untersucht, mir is immer schlechter gegangen, da sind

Sie kommen, ham mich untersucht, ham ein einzig's Wörterl g'sagt, und gleich war ich g'sund."

„Wissen Sie noch, was ich gesagt habe?"

„Natürlich, Herr Professor, Sie ham g'sagt ‚moribundus'."

＊

Die Berliner sind die Juden unter den Deutschen. Was ihren Witz betrifft. Sie sind die Weltmeister im Galgenhumor. Kurz vor dem Zusammenbruch 1945 hieß es: Die strategische Lage ist sehr übersichtlich geworden. Man kann mit der U-Bahn von der Ostfront an die Westfront fahren.

＊

Endlich das Pendant zum kleinen Moritz im Kloster: Ein Berliner Junge wird nach Bayern in eine geistliche Schule gesteckt.

Die Lehrerin fragt: „Kinder, sagt mir, was das ist, es hat spitze Zähne, ein braunes Fell und nährt sich von Nüssen und Haselnüssen?"

Der Berliner Junge: „Wenn Sie mich fragen, Frau Lehrerin, ist das 'n Eichkätzchen. Aber wie ick den Betrieb hier kenne, woll'n Se von mir hören, es ist das liebe Jesulein."

＊

Auf einer Berliner Straße führt ein Berliner Junge eine blinde alte Frau an der Hand. Jedesmal, wenn ein Gehsteig kommt, ruft er „Hupp!", und die Frau hüpft. Aber auch wenn keine Erhöhung da ist, ruft er „Hupp!", und die alte Frau hüpft.

Ein Passant sieht das und beschimpft den Jungen. Dieser aber antwortet: „Det is meine Oma, die kann ick huppen lassen, so oft ick will!"

30

Ende nie

Die beiden waren uralt. Sie sahen kaum mehr, sie hörten kaum mehr, sie bewegten sich mit ganz kleinen trippelnden Schritten und waren gebückt.
Aber noch immer schrieb der Alte und schrieb und schrieb . . .
„Mein Freund", sagte der Besucher, „wir sehen uns heute wohl zum letzten Mal. Willst du mir nicht, da wir doch Freunde sind, zum Abschied sagen, was der Inhalt deiner Arbeit ist, wie dein Buch heißen wird?"
„No schön, wer' ich dir sagen. Es wird ein Fragment bleiben. Ich les schon a paar Jahr lang ka Zeitung mehr, aber was nützt's? Es hat sich zu viel angehäuft. Mit dem Thema kann ma nie fertig werd'n."
„Und wie wird also dein Buch heißen?"
„Was Juden imstand sind."

Maria Enzersdorf – Weißbriach
Frühjahr 1986

Epilog

Diese Sammlung wäre nie zustande gekommen, wenn
Dr. Gerhard Trenkler sie sich nicht gewünscht hätte
und wenn Elfriede Ott mir nicht während eines Ur-
laubs aufopfernd geholfen hätte, sie aus meinem Kopf
auf das Papier zu erlösen.

Ihr ist dieses Buch gewidmet.

Zum Druck befördert im April 1987   H. W.